SEPT MOIS DE SERVICES

ET

UNE CAMPAGNE

Souvenirs du 2me bataillon de la Garde Mobile
de Seine-et-Oise.

(2me du 60me régiment provisoire de Mobiles)

PAR

Gabriel COTTREAU

Lieutenant à la 7me Compagnie

VENDOME

Imprimerie F. Empaytaz, G. Vilette, Succ^r

—

1904

SEPT MOIS DE SERVICES
ET UNE CAMPAGNE

SEPT MOIS DE SERVICES

ET

UNE CAMPAGNE

Souvenirs du 2me bataillon de la Garde Mobile de Seine-et-Oise.

(2me du 60me régiment provisoire de Mobiles)

PAR

G<small>ABRIEL</small> COTTREAU

Lieutenant à la 7me Compagnie

———

VENDOME

I<small>MPRIMERIE</small> F. E<small>MPAYTAZ</small>, G. V<small>ILETTE</small>, S<small>UCC</small>^r

—

1904

AVANT-PROPOS

Lorsqu'au mois de février 1871, nous languissions désarmés et inutiles dans les tristes baraquements du boulevard des Batignolles, à Paris, le Conseil d'Administration du régiment s'occupa de mettre en ordre les pièces administratives, que l'Intendance et les archives de la guerre étaient en droit de recevoir au moment très prochain de notre renvoi dans nos foyers.

Grâce à ces utiles mesures, nos archives régimentaires furent remises entières à l'Autorité. Il n'y avait pas eu de journal de marche tenu au 2ᵐᵉ bataillon. Je fus chargé par notre commandant, M. Fouju, de l'établir. J'eus peu de documents à ma disposition mais j'y suppléai par l'aide de quelques notes que j'avais prises, de mes souvenirs tous frais encore de notre existence militaire, des récits de mes camarades, enfin du livre d'ordres du bataillon, dans lequel tout ce qui nous concernait officiellement se trouvait inséré jour par jour. Je bâclai donc en peu de temps un journal assez sec avec la brièveté qui convient à un document administratif.

L'été suivant, ayant relu le brouillon de ce travail dont la mise au net avait été livrée au commandant au moment de notre licenciement, je trouvai que bien des détails y manquaient sur notre existence intime. Ils y auraient été déplacés; ils ne l'étaient pas dans le récit plus détaillé que j'entrepris alors d'écrire pour ne pas perdre des souvenirs qui me seront toujours chers.

Je les transcris ici dans l'espoir qu'ils intéresseront ceux d'entre nous qui vivent encore après plus d'un quart de siècle écoulé et que la Société Amicale du bataillon a heureusement réunis.

Mon livre ne se recommande ni par un style bien pur, car je ne suis pas écrivain, ni par des phrases pompeuses, car je ne suis pas charlatan; je souhaite que mes camarades le trouvent sincère et vrai. J'écris ce que j'ai vu et comme je l'ai vu.

GABRIEL COTTREAU.

Paris, Novembre 1897; revu en 1904.

SOUVENIRS

DU 2ᵉ BATAILLON DE MOBILES DE SEINE-ET-OISE

CHAPITRE PREMIER

Août 1870

VERSAILLES-MANTES

Réunion et instruction des cadres à Versailles, du 3 au 27 août. — Formation du bataillon et incorporation des hommes, le 29 août, à Mantes.

Au commencement d'août 1870, voici quels étaient les circonscriptions de recrutement et les cadres d'officiers existant au 2ᵉ bataillon.

En 1868, lors de la formation sur le papier de la garde mobile, par le maréchal Niel alors Ministre de la Guerre, il fut décrété que le département de Seine-et-Oise fournirait six bataillons d'infanterie à huit compagnies et trois batteries d'artillerie.

L'arrondissement de Mantes, centre de formation du 2ᵉ bataillon d'infanterie, ne lui donnait que six compagnies.

Les deux dernières furent fournies par le canton de Marines, détaché de l'arrondissement de Pontoise, lequel suffisait, avec ce canton en moins, à former la totalité du 3ᵉ bataillon.

Le 1ᵉʳ bataillon avait pour chef-lieu Étampes, le 4ᵉ Rambouillet, le 5ᵉ Saint-Germain et le 6ᵉ Versailles.

L'arrondissement de Versailles fournissait en outre toute l'artillerie du département et le 6ᵉ bataillon était renforcé du canton de Boissy-Saint-Léger détaché de l'arrondissement de Corbeil, les autres cantons de cet arrondissement étant rattachés au bataillon d'Étampes.

Le n° 78 fut affecté au département.

Voici le tableau des circonscriptions de recrutement des différentes compagnies du 2ᵉ bataillon :

1ʳᵉ compagnie. — Canton de Bonnières.
2ᵉ compagnie. — Canton de Houdan.
3ᵉ compagnie. — Canton de Limay.
4ᵉ compagnie. — Canton de Magny.
5ᵉ compagnie. — 1/2 Canton de Mantes-Est.
6ᵉ compagnie. — 1/2 Canton de Mantes-Ouest.
7ᵉ compagnie. — 1/2 Canton de Marines-Est.
8ᵉ compagnie. — 1/2 Canton de Marines-Ouest.

Le 1ᵉʳ janvier 1869, M. Rincheval, capitaine au 1ᵉʳ régiment de Voltigeurs de la Garde Impériale, retraité comme chef de bataillon, fut nommé par décret commandant du 2ᵉ de Seine-et-Oise.

Par décret du 9 juillet 1869, sept capitaines furent nommés au bataillon. A la formation, ces capitaines prirent le commandement des sept premières compagnies.

Ce sont MM. :

Garraud (François), ancien capitaine de cavalerie, 1re compagnie.

Legrand (Jean-Baptiste-Auguste), chef de bureau à la Préfecture de Seine-et-Oise, ancien officier de la Garde Nationale de la Seine, 2ᵉ compagnie.

Fanet (Jean-Baptiste), ancien maréchal des logis de gendarmerie à la résidence de Mantes, 3ᵉ compagnie.

Montagnac (Pierre), sergent-major retraité du 3ᵉ régiment de voltigeurs de la Garde Impériale, 4ᵉ compagnie.

Loriot (Jean-Nicolas), capitaine au 2ᵉ régiment de cuirassiers prenant sa retraite, 5ᵉ compagnie.

Fouju (Julien-Charles-Jean), sous-lieutenant d'infanterie, démissionnaire, 6ᵉ compagnie.

Laffon (Joseph-Martin), brigadier de gendarmerie, démissionnaire, propriétaire, fabricant de plâtre, 7ᵉ compagnie.

L'organisation en resta là jusqu'à la déclaration de la guerre de 1870.

Dans la deuxième quinzaine de juillet, tous les commandants de bataillon du département de Seine-et-Oise furent convoqués à Versailles pour compléter leurs cadres d'officiers.

Les lieutenants et sous-lieutenants n'étaient pas encore nommés. Au 2ᵉ bataillon, il manquait encore deux lieutenants et deux sous-lieutenants sur la liste des candidats désignés et agréés ; c'est ainsi que je fus proposé comme lieutenant au commandant Rincheval par le général de Longuerue qui commandait le département, succédant au général Pajol parti pour l'armée du Rhin. J'appartenais comme garde au 6ᵉ bataillon où le commandant, M. Abraham, avait depuis longtemps choisi ses officiers dans l'arrondissement de Versailles, s'inquiétant peu du contingent du canton de Boissy, trop éloigné de lui. Agréé par le commandant Rincheval, je passai du 6ᵉ bataillon au 2ᵉ pour y devenir officier.

On procéda également à la nomination des sergents-majors et fourriers ainsi que d'une partie des sergents de chaque compagnie, en laissant avec raison une partie des emplois de sous-officiers vacants afin d'en pourvoir ensuite les mobiles les plus méritants après l'incorporation de la troupe.

Voici les noms du capitaine qui fut nommé à la 8ᵉ compagnie ainsi que des lieutenants et sous-lieutenants nommés du milieu de juillet aux premiers jours d'août :

8ᵉ compagnie ; Capitaine : M. Choppin de Seraincourt, propriétaire.

Lieutenants : 1ʳᵉ compagnie, Ledru, cultivateur : 2ᵉ compagnie, de Nabat : 3ᵉ compagnie, de Saint-Clair, ancien caporal aux voltigeurs de la garde, employé au

Ministère des Finances : 4ᵉ compagnie, Briois, industriel : 5ᵉ compagnie, Bischoff, conducteur des ponts et chaussées, à Mantes : 6ᵉ compagnie, de Bojano, attaché d'ambassade : 7ᵉ compagnie, Cottreau (Gabriel), licencié en droit : 8ᵉ compagnie, de Beaulieu.

Sous-lieutenants : 1ʳᵉ compagnie, Allorge, employé de commerce : 2ᵉ compagnie, de Sars (Gustave), employé à la préfecture de Seine-et-Oise : 3ᵉ compagnie, Bataille, employé de commerce : 4ᵉ compagnie, Graux (Jules), clerc d'avoué : 5ᵉ compagnie, de Chalus : 6ᵉ compagnie, Laloy : 7ᵉ compagnie, François (Camille), cultivateur à Chars : 8ᵉ compagnie, Hamot, cultivateur.

Dans les derniers jours de juillet, tous les capitaines et les sous-officiers nommés dans les six bataillons de Seine-et-Oise furent convoqués à Versailles. Les sous-officiers commencèrent immédiatement leur instruction militaire, dirigée par le capitaine Montagnac pour le 2ᵉ bataillon. Ils furent casernés au Grand Commun, quartier de l'artillerie à cheval de la Garde, immense bâtiment alors presque vide car il n'y restait plus qu'une batterie de dépôt.

Les lieutenants et sous-lieutenants furent convoqués le 8 août. Nommé depuis le 2, j'avais à peine eu le temps de me faire confectionner une tenue, endossée seulement la veille de cette convocation et mes camarades devaient être à peu près dans le même cas, cependant le groupe de jeunes officiers qui stationnait ce jour-là aux abords du quartier de l'artillerie à cheval n'avait pas trop mauvaise tournure.

Le commandant nous emmène dans la cour où les lieutenants et sous-lieutenants sont présentés à leurs capitaines respectifs; on prend nos noms et nos adresses, on nous indique la pension des officiers et enfin il nous est ordonné de nous trouver le lendemain matin, à 6 heures, au quartier de cavalerie de l'Orangerie pour y commencer nos exercices.

Le 9 donc, à l'heure prescrite, nous voici une vingtaine dont beaucoup encore en civils, réunis dans une arrière-cour donnant sur le manège de ce vieux quartier tout bizarre avec ses coins et recoins silencieux et mornes car il est entièrement désert. Nous en peuplons les solitudes ainsi qu'un concierge et des légions de gros rats.

M. Fouju sert d'instructeur et cette séance se borne aux premiers principes du soldat sans armes.

Enfin à 8 heures, on nous rend la liberté. Notre déjeuner, ainsi que tous les repas des officiers du bataillon pendant notre séjour à Versailles, a lieu au Rocher de Cancale sur la place d'Armes.

Comme gargotte, c'était complet mais notre appétit excité par le grand air et les exercices quotidiens mettait à sec les plats, quels qu'ils fussent. Après déjeuner, on allait gravement au café Hoche où il était de règle de prendre sa demi-tasse.

A 2 heures, exercice pour les lieutenants et sous-lieutenants jusqu'à 4 heures par une jolie chaleur d'août, double pour des gens qui n'avaient pas l'habitude d'être vêtus tout en drap à cette époque de l'année ni sanglés dans une tunique.

Aussi de quelles sueurs nous arrosâmes le sol de Versailles ! Deux ou trois fois par semaine, nous avions pour agrément supplémentaire la récitation de la théorie, avant l'exercice du soir. On s'empilait dans le salon du capitaine Legrand et on ânonnait, on bredouillait cette malheureuse théorie si ennuyeuse à apprendre. Hélas ! depuis 1870, on l'a changée si souvent qu'à peine la connait-on un peu, crac, elle est modifiée en tout ou en partie et on vous recommande surtout d'oublier ce qu'on a appris antérieurement ; c'est du moins ce que j'ai vu de 1875 à 1892. Espérons que nos chefs finiront enfin par se fixer sur les meilleures manœuvres à exécuter ; il est temps que cette anarchie finisse.

Les jeudi 11 et 12 août, Versailles très dégarni de troupes et encore plus désert que de coutume est mis en émoi par l'arrivée de deux régiments de chasseurs à cheval venant du Midi et qui ramènent un peu d'animation.

Le 13, l'exercice du matin a lieu à 7 heures seulement pour les officiers, bienfait très apprécié puisqu'il permet de se lever un peu plus tard et d'être mieux éveillé pour se pénétrer des beautés de l'école du soldat.

Le même jour, une dépêche annonce que Strasbourg est assiégée par les Prussiens, aussi les visages sont ils allongés.

Beaucoup d'entre nous vont aux nouvelles le soir à Paris, mais on n'y sait rien de plus.

Le lendemain 14 est un dimanche. On est inquiet en général de notre situation. On nous annonce une demi-entrée en campagne, soit 200 francs pour notre équipement.

Le lundi 15 août, on dit maintenant les Prussiens à Nancy; cette ville n'étant ni fortifiée, ni défendue, ils y sont entrés conmme chez eux, aussi le *Te Deum* auquel nous assistons officiellement et en tenue, est triste, grave et on n'y voit que des figures soucieuses. Nos fronts se dérident seulement chez le trésorier qui nous compte la somme annoncée; liberté entière le reste de la journée.

Le 16, arrivent de toutes parts des gendames qui vont être formés en régiment. Ils prennent au quartier d'artillerie la place de nos sous-officiers dont les punaises se régalaient vraiment par trop. Ceux-ci vont occuper un coin du quartier de l'Orangerie qui a repris un peu de vie par la présence des chasseurs.

Le service se régularise; chaque jour, les fourriers nous transmettent le rapport, on organise les appels, le service de semaine, etc.

Le 17, à 1 heure de l'après midi, incendie 38 rue de la Paroisse. Chacun y court et les sous-officiers casernés des divers bataillons de Seine-et-Oise y sont amenés au pas gymnastique et en bon ordre. Le feu est éteint après vingt minutes de chaine et nos hommes rentrent à leurs quartiers correctement et au pas, fiers d'être arrivés au feu tout de suite après les pompiers et avant la ligne.

Le 19, les chasseurs partent pour le Camp de Châlons ; ce jour là, nous sortons pour la première fois de notre cour de quartier pour aller à l'exercice sur le plateau de Satory. Les sous-officiers dont les heures d'exercices ne sont pas les mêmes que les nôtres nous passent leurs fusils à tabatière dont ils sont pourvus depuis quelques jours.

Nous sortons par le flanc, bien au pas et alignés par rangs et par files comme des anciens, M. Fouju à la tête, MM. Legrand et de Seraincourt en serre-files et nous escaladons lestement la longue montée qui conduit au plateau de Satory, nous la couronnons au pas gymnastique et le gros Allorge n'en est pas mort !

Le 20, nous allons, le matin à la pièce d'eau des Suisses, endroit charmant, frais, ombreux. C'est un plaisir de manœuvrer sur un doux tapis de verdure, aussi tout le monde est content et travaille bien. Après déjeuner, théorie sur le service intérieur, point d'exercice.

Nous voyons dans les journaux que la Garde Mobile de la Seine est ramenée de Châlons à Paris et qu'on concentre une armée au Camp de Châlons.

Le dimanche 21, je vois en allant à Paris les travaux de mise en état des remparts des fortifications très avancés. Les Gardes Mobiles de l'Aube sont à Paris, casernés au Palais de l'Industrie.

Le 22, nos exercices reprennent avec un redoublement

d'activité, officiers, sous-officiers parmi lesquels quelques nouvelles recrues, tout le monde travaille ferme. Nous démontrons aux nouveaux arrivés l'école du soldat et le maniement de l'arme. Les appels se font dans les compagnies aux heures et dans les formes réglementaires. Nos compagnies n'ont guère plus de 6 à 7 hommes chacune, mais on exige la présence de tous les officiers de semaine.

Le 23, les officiers s'exerçaient à l'escrime à la baïonnette, à la pièce d'eau des Suisses dans l'après-midi, lorsqu'apparaît le commandant Rincheval absent depuis quelques jours pour la tournée de révision des mobiles du bataillon. M. Fouju nous fait répéter devant lui les mouvements appris et exécutés pendant son absence. Le commandant nous adresse quelques paroles aimables et nous terminons la séance à près de six heures du soir.

Le 24, on nous annonce que demain, les sous-officiers seront habillés. Il est grand temps. Du reste, on manque de tout à Versailles, en ce qui nous concerne. Il n'y a ni guêtres, ni fusils, ni chaussures. C'est pitoyable.

Le jeudi 25, en effet, nos sous-officiers reçoivent un képi-shako comme la mobile de la Seine et des vareuses de troupe de même mais la coiffure n'a pas de pompon et les vareuses en drap de soldat n'ont pas de galons. Nos sergents sont réduits à s'en procurer à leurs frais chez les fripiers. Pas de linge, de cravates, ni de souliers et guêtres. Un employé de la Préfecture nous dit piteusement qu'on

'a pu trouver nulle part à Versailles les 200 paires de
ouliers nécessaires pour les cadres des bataillons du dépar-
ement. Quant aux artilleurs, ils sont depuis longtemps
artis pour le Mont-Valérien où ils sont enfermés et
ccupés à confectionner des munitions. Ils ne sortiront du
ort qu'à la paix, après avoir armé et servi les batteries
e position de cette forteresse.

Le samedi 27, nous quittons tous Versailles. Les cadres
u bataillon, une soixantaine d'hommes, conduits par
MM. Ledru, lieutenant et Laloy, sous-lieutenant, partent
n chemin de fer pour Mantes. Les officiers ont la permis-
ion de 48 heures et ordre est donné à tous de se trouver
e lundi 29, à midi, sur la promenade de Mantes, pour
incorporation des hommes du bataillon.

Nous voici tous, le 29 par un temps splendide sous les
eaux arbres de l'île qui s'étend entre Mantes et Limay.
'admire en y allant le beau pont qui donne accès aux
eux rives et que, comme tant d'autres, on devait faire
auter bien inutilement quelques semaines plus tard. Tous
os hommes sont là, avec leur petit baluchon au bout du
âton, en vrais conscrits. Nous les groupons par compa-
nies, puis par rang de taille.

Rappelons que l'on plaçait alors les plus grands hommes
 la droite des compagnies et la taille allait en diminuant
usqu'à la gauche. La Compagnie avait trois officiers, six
ous-officiers, huit caporaux et était divisée en deux sec-
ions.

On prend note des noms pour l'établissement des contrôles, des adresses portées sur les billets de logement qui sont distribués. Enfin après trois bonnes heures de travail, tout le classement est fait. Les compagnies sont de force très inégale; les cantons ou circonscriptions ayant une étendue ou fournissant un nombre d'hommes très différents. Ainsi la deuxième compagnie a près de deux cents hommes, la 7e compagnie en a quatre-vingt-quatorze, officiers compris, une autre n'en a pas quatre-vingt.

Nos opérations se terminent par la paye. Nos hommes ont droit à une indemnité journalière, n'étant pas nourris. Tous les gros sous et la menue monnaie du pays sont mis en réquisition pour cette laborieuse opération. Cela fait, tout le monde est libre jusqu'à demain matin.

Nous prenons pension à l'hôtel du Grand-Cerf et du Cheval blanc réunis, bizarre enseigne qui nous fait bien rire. La chère y est meilleure qu'à Versailles.

Le 30 août, dès le matin, nous nous efforçons d'apprendre à nos recrues les premiers principes. Chacun, officiers et sergents, s'y emploie de son mieux; les compagnies se divisent en une multitude de petites classes qui soulèvent des nuages de poussière, l'air retentit de nos commandements et après deux heures d'efforts nous obtenons quelques résultats à peu près satisfaisants.

Dans l'après-midi, on procède à l'habillement. Cet article confié par le gouvernement au zèle des préfets, est ridiculement insuffisant, aussi ne pouvons-nous donner à nos hommes que des vestes en toile blanche à boutons d'os, assez commodes du reste pour se promener au soleil et ornées d'une croix en fil rouge sur les manches, ce qui leur donne l'air d'infirmiers amateurs. Voilà toute la tenue. La coiffure consiste en képis de mince drap noir à passe poils rouges qui siéraient fort bien à la Garde Nationale sédentaire, baptisée par les gamins de Paris du nom de fausse mobile; les visières de ces képis sont dérisoires, la plupart n'étant qu'un mince carton simplement couvert de papier noir et collé. La pluie en fit bonne justice peu de jours après; elles tombèrent en bouillie et réduisaient le porteur à n'être plus coiffé que d'un calot. De plus, on a calculé sur des têtes énormes et la majorité de nos hommes n'étant pas des colosses se trouvaient sous cloche et enfouis là-dedans jusqu'au-dessous des oreilles. Enfin, en rembourrant les coiffes avec du papier, on arrive à les mettre au point. Quant aux pantalons, chaussures, linge, il n'en est nullement question. Du moins, sous la première République, le bataillon de la Moselle était, dit-on, en sabots; le 2e de Seine-et-Oise est en savates et en souliers percés. Les hommes en effet, croyant être habillés et équipés en arrivant au corps sont venus ayant sur eux ce qu'ils avaient de plus mauvais.

Enfin, fiers de ce semblant d'uniforme, il est décidé que pour nous rendre à la manœuvre, nous sortirons de la mairie qui nous sert de magasin d'habillement par le flanc et au pas; mais, malgré nos une... deux... réitérés, nos conscrits ont bien de la peine à se cadencer et les souliers du bataillon martèlent le pavé de coups inégaux.

Dans l'île, avec leurs vestes blanches, nos compagnies en marche semblent de loin, d'anciens lignards autrichiens.

Le 31 août, à midi, les perruquiers du bataillon opérant en place publique comme les barbiers chinois abattent devant la mairie mainte luxuriante chevelure et transforment nos hommes en petits tondus.

Par ordre du commandant, on défait les croix de fil rouge placées sur les manches des vestes et on les place militairement sur chaque épaule en guise de pattes.

L'exercice ne chôme pas. Quatre heures par jour, on s'y acharne. La masse a bon vouloir et l'ensemble progresse, seuls, quelques maladroits exercent la patience des instructeurs.

Après chaque séance, formation laborieuse des compagnies et marche par le flanc en assez bon ordre jusqu'à la place de la mairie où les rangs sont rompus.

Ce défilé a lieu tout le temps de notre séjour à Mantes pour la plus grande joie des galopins de la ville et des habitants de la rue Royale.

CHAPITRE II

Septembre 1870

MANTES-PARIS

Continuation de l'instruction à Mantes. — Révolution du 4 septembre. — Le 9, M. Rincheval est nommé lieutenant-colonel commandant le 60ᵉ régiment de Mobiles à trois bataillons, dont le 2ᵉ de Seine-et-Oise forme le 2ᵉ bataillon. — Le 12, départ du bataillon pour Paris. Les hommes sont logés chez l'habitant, faubourg Saint-Germain. — Distribution d'effets d'habillement, campement, équipement. — Service au rempart. — Le 19, élection des officiers. — Gardes aux 7ᵉ et 8ᵉ secteurs. — Le 30, le bataillon est baraqué sur l'Esplanade des Invalides et touche les vivres.

Aujourd'hui, 1ᵉʳ septembre, M. Legrand, capitaine de la 2ᵉ compagnie, nous quitte pour quelques jours. Il va en tournée de révision faire fonctions de commandant de recrutement. De Boury, sergent à la 4ᵉ, l'accompagne.

La pension des officiers se déplace. Elle descend du « Cheval Blanc », trop cher pour nos bourses, au « Grand Laboureur ». Quel fricot et surtout quel vin !

Si celui qu'on nous y servit avait un centigramme de jus de raisin, je veux bien être pendu ! Heureusement que nous avions pour nous réconforter la demi-tasse et le petit verre du Café Koch où nous accaparons une salle au premier étage.

Le 2 septembre, la troupe est enfin armée. Les compagnies vont successivement à la vieille gare du chemin de fer y recevoir les fusils à tabatière qui nous sont destinés. On n'a encore ni ceinturons, ni gibernes, mais l'arrivée des fusils va permettre l'exécutiou du maniement d'armes. Les hommes sont très satisfaits d'être armés, ils marchent déjà avec plus d'ensemble, et, le fusil sur l'épaule, ils ont bien meilleur air. Le dimanche 4 septembre, le bataillon est rangé en ligne déployée, on disait alors en bataille, dans l'île pour la revue du commandant qui a lieu à 8 heures du matin. Tout le monde est à sa place réglementaire, les hommes savent à peu près déjà porter les armes, tout se passe donc assez bien. Je me rappelle qu'un instant avant la revue, deux voisins de rang s'étant pris de querelle faisaient mine de s'envoyer réciproquement leurs baïonnettes dans le ventre, et qu'on ne calma pas sans peine ces deux coqs batailleurs.

Le soir, je revenais avec quelques camarades d'une délicieuse promenade à la Roche-Guyon et rentrais vers neuf heures chez mes excellents hôtes de la rue Cadotte, car nous logions chez l'habitant, lorsque je trouvai M. Husson père qui m'ouvrit la porte lui-même, et, la figure consternée, me mena dans sa salle à manger, où il me raconta toutes les nouvelles de la journée. Sedan, la révolution du 4 septembre, des nouvelles certaines de la marche en avant de l'ennemi, tout nous arrive à la fois. Journaux et télégrammes sont étalés sur la table, se confirmant les uns les autres. Je vois encore la physionomie triste de mon hôte, la vacillante lueur de la bougie placée entre nous deux, la pièce sombre et brune, enfin nos réflexions amères, presqu'à voix basse, comme s'il nous eût paru coupable de parler haut devant de tels désastres !

Le 5, nous constatons que la proclamation de la République n'est ici la cause d'aucun trouble. Une simple affiche annonce le changement de gouvernement ; il n'y a ni tapage, ni manifestation ; la quiétude des habitants n'est en rien troublée et l'anxiété de la population n'est excitée que par la lecture des détails de l'horrible catastrophe de Sedan et de la rapide invasion de notre pauvre pays.

A l'exercice du matin, le commandant nous réunit en cercle et par quelques paroles chaleureuses sur nos devoirs et le péril de la patrie, nous adjure tous de redoubler d'efforts pour instruire et discipliner le bataillon et pour donner à nos hommes l'exemple des vertus militaires qu'ils doivent acquérir. Ces paroles émues nous font impression et je me les rappelle encore.

Le 6, on commence à exercer les hommes aux marches de flanc et de front en passant de l'une à l'autre. Les exercices n'empêchent pas les sous-officiers réunis en peloton pendant une demi-heure à chaque séance de parfaire leur instruction sous les ordres de l'infatigable capitaine Montagnac de la 4e compagnie.

Ce jour-là, nous étions à l'exercice le matin, lorsque nous voyons plusieurs de nos compagnies se rassembler à la hâte puis rentrer en ville au pas gymnastique. Nous suivons le mouvement sans le comprendre et arrivés en haut de la rue Royale, nous apprenons qu'il s'agit d'aller éteindre un incendie à Magnanville, village peu éloigné de Mantes. Nos mobiles, ainsi que quantité de civils, sont répandus tout le long de la route. MM. Fouju et de Seraincourt courent en tête de notre colonne qui arrive fort essoufflée là où est le feu.

L'incendie est dans une écurie de ferme qui a pris feu, dit-on, par la maladresse d'un charretier qui y brûlait des herbes pour l'assainir. Le manque d'eau empêche de le combattre utilement et il gagne. En vain, on parcourt les alentours; puits, mares, bassins, tous est à sec, circonstance fréquente en 1870 où les prairies avaient été brûlées par le soleil et où l'été avait été très chaud et fort sec, ainsi que le printemps.

On perd un temps précieux à chercher inutilement de l'eau. Enfin, grâce au grand nombre d'hommes qu'amène le bataillon, on parvient à former une immense chaîne qui va puiser l'eau au bas du village de Soindre, fort loin de l'incendie. Après une demi-heure de chaîne, le feu est éteint à peu près, mais l'eau nous arrive brusquement sous la forme d'une violente averse. La chaîne se disloque. La majeure partie des travailleurs, avec MM. Fouju et de Seraincourt, rebrousse vers Mantes à toutes jambes, pas assez vite encore car ils y arrivent traversés.

J'étais avec le bout de la chaîne le plus rapproché de Soindre. Nous nous y réfugions et une brave femme nous apporte du vin que nous buvons dans son fournil avec reconnaissance, et l'averse ayant cessé, je me trouve seul officier au milieu d'hommes de diverses compagnies. Je vais arracher quatre clairons qui se trouvaient avec nous aux douceurs d'une chopine qu'ils savouraient dans un cabaret voisin ; on sonne l'assemblée et nous rentrons secs.

A l'exercice de l'après-midi, les hommes trempés jusqu'aux os le matin arrivent pour la plupart avec des vêtements d'emprunt dus à la commisération de leurs hôtes. Quelques-uns n'ayant pas de quoi changer ont dû se mettre au lit et y rester.

Quelques hommes empaquetés dans de vieilles lévites qui leur tombent jusqu'aux talons nous donnent le fou-rire. Mais le ciel inclément nous arrose derechef. Vers trois heures, un énorme nuage noir fond sur nous et nous inonde parfaitement, quoique chacun se pelotonne contre les arbres. Enfin nous rentrons bien saucés et grognons.

Le 7, continuation du déluge. Nos hommes sont jolis

avec leurs vestes de toile ! Dans l'après-midi, on essaie de distribuer les cartouches arrivées la veille à la gare Neuve, mais comme chaque homme doit en recevoir quatre-vingt-dix et n'a ni sac, ni giberne, on ne peut les emporter que dans les poches des vestes ou dans des mouchoirs, systèmes peu pratiques par une pluie battante. On remet donc sagement la distribution au lendemain et on met un poste à la garde du wagon où sont les munitions.

Le 8 au matin, on revient aux cartouches qui, cette fois, sont distribuées sans peine et par un temps sec.

Le jour même, on entend divers coups de feu en ville.

Des propos ont été tenus devant nos mobiles par de ces gens qui voient, à dessein ou par bêtise, la trahison partout.

On a dit que les cartouches étaient chargées non de poudre, mais de sciure de bois. Quelques imbéciles le croient et en tirent quelques-unes pour voir, sans songer que les munitions sont à l'État et qu'ils encourent une peine sévère outre le danger d'accidents avec des cartouches à balles dont ils ne connaissent pas la portée. Le lendemain, nous raisonnons nos hommes et on leur dit les peines que cette consommation frauduleuse de munitions peut leur faire encourir.

Du reste, la lecture du code pénal militaire fait partie des théories dans les chambres, lesquelles se font en plein air, ou, les jours de pluie, sous des hangars quelconques.

Le 9, le *Journal Officiel* nous apporte la nomination de M. Rincheval à l'emploi de lieutenant-colonel commandant le 60e régiment de mobiles créé ce jour et qui doit être composé de deux bataillons de Seine-et-Oise et un de l'Oise. Notre brave commandant était digne de l'honneur d'être à la tête d'un régiment.

Fils de ses œuvres, car il était entré dans l'armée comme simple soldat, ayant à peine l'instruction primaire, il était arrivé à devenir officier à force d'énergie morale, par une conduite soutenue et une fière contenance au feu, car la longue campagne de Crimée avait été constamment glorieuse et honorable pour lui, ainsi, du reste, que toute sa carrière militaire.

Il m'est arrivé, depuis la guerre, de rencontrer des officiers supérieurs de l'armée active qui, alors qu'ils débutaient dans l'armée, avaient connu M. Rincheval. Tous en faisaient le plus grand cas. C'était un homme simple, droit et juste. Le régiment eut en lui un excellent chef et son action directe continua de se faire sentir au 2e bataillon qu'il avait formé et avec lequel il marcha constamment.

Le samedi 10, promenade militaire dans l'après-midi.

Le bataillon se forme dans la rue Royale par un clair soleil, traverse la Seine puis le village de Limay dont la population nous contemple.

La troupe a, cette fois, ceinturon, giberne, fourreau de

baïonnette, nous sommes donc un peu moins bizets et bizarres qu'à l'ordinaire.

Au sortir de Limay, les quatre compagnies de tête tournent à droite et vont en reconnaissance sur le coteau qui domine la Seine ; les quatre compagnies de gauche gravissent directement le coteau et envoient des patrouilles dans diverses directions. Cependant les fractions demeurées immobiles pendant les explorations des reconnaissances ne restent pas oisives. Le colonel nous rappelle qu'en 1813, les conscrits qui formaient la masse de l'armée faisaient l'exercice, même les jours de marche. Il nous donne cet exemple à suivre et on exécute du maniement d'armes pendant les 2 heures que dûre la promenade des patrouilles.

Celles-ci, la tête farcie de toutes les histoires qui couraient au sujet des espions prussiens, en arrêtent deux qui..., après enquête, se trouvent être l'un un maire des environs, l'autre un hermite bien connu dans le pays.

Enfin on sonne le ralliement, nos clairons sonnent peu après la marche et nous rentrons ainsi à Mantes. Nos sonneries ne sont pas émaillées de trop de couacs et notre marche de bataillon empruntée aux tirailleurs algériens est vive, originale et n'a rien de pompier. Les clairons sont munis d'instruments à eux appartenant ou d'emprunt; dans quelques jours une cotisation du corps d'officiers va permettre d'en acheter pour le bataillon ainsi que des cahiers de sonneries.

Quand le bataillon s'avance par le flanc, la droite en tête, la 7ᵉ compagnie ayant environ deux cents files entre elle et la tête de colonne, n'entend absolument rien; nous marchons quand même au pas, assez proprement.

Le samedi soir et le dimanche nous continuons à être témoins du triste spectacle que nous avons constamment sous les yeux depuis deux jours, c'est-à-dire d'une émigration continuelle. La ville est traversée jour et nuit par d'incessantes caravanes de bestiaux, de voitures, de gens. De pauvres familles s'en vont en charrette avec meubles, matelas, tout leur matériel, ne sachant où aller et marchant sans but sur les routes. Plusieurs de ces paysans viennent de fort loin. Les gros fermiers envoient leurs troupeaux en Normandie et en Bretagne. Tout ce monde se presse, s'en va morne et silencieux. On dirait vraiment que ces convois ont les hulans Prussiens au derrière !... Cela fait mal !

En regardant ce triste spectacle, je me rappelle les récits de mes grands parents sur 1814 et 1815 que je taxais d'exagération, à part moi. Eh bien, ce que j'ai sous les yeux est exactement ce qu'ils ont vu et m'ont raconté tant de fois. Si en 70, les non combattants étaient restés dans leurs foyers au lieu de céder à de folles terreurs, que de pertes évitées et combien le pillage eût été plus restreint, mais dans notre époque moderne qui a, dit-on, tout perfectionné, on n'a oublié qu'une chose, c'est d'augmenter les courages. Plus il y a de luxe et de crainte pour le bien-être, plus le sang froid et l'énergie diminuent, c'est fatal et ce serait à recommencer que nous verrions de ce côté de pires choses encore.

La vue de cette émigration, des histoires invraisemblables contées dans les cabarets par des soldats du train qui passent par Mantes venant du parc de construction de Vernon qu'ils évacuent jettent de l'émoi dans la ville.

Les habitants voient déjà les Prussiens arriver pour passer la Seine et nous autres, les mobiles, tiraillant pour nous y opposer, tandis que l'artillerie ennemie démolit rapidement la ville.

Il est évident, qu'en notre présence, l'ennemi n'aurait pas passé la Seine sans coup férir. Notre fusillade n'aurait probablement pas suffi à l'en empêcher mais nous ne risquions, en tout cas, pas grand chose étant maîtres de notre ligne de retraite tandis que les maisons et les monuments de la ville étaient sûrs de payer les pots cassés au moyen d'un bombardement en règle que nous n'aurions pu empêcher. Les habitants de Mantes étaient sur des épines et tout en craignant d'être défendus, ils se crurent obligés d'organiser une garde nationale, de bien piteux aspect à en juger par ses débuts auxquels j'assistai le 11. Ces bons messieurs sans uniforme et avec de pauvres armes s'exerçaient ce jour là dans l'île. Ils étaient peu nombreux et peu militaires.

Pour en finir, disons qu'à l'approche des Prussiens, après notre départ et l'explosion idiote du pont, cette garde nationale se licencia d'elle-même ce qui n'empêcha pas l'ennemi arrivant sur les hauteurs de Limay, rive droite de la Seine, de mettre des pièces en batterie et de canonner Mantes jusqu'à ce qu'une députation de la municipalité eût pu péniblement traverser la Seine en batelet et affirmer à ces gueux d'Allemands que la ville ne se défendait pas et qu'ils n'avaient qu'à rentrer. On leur demanda le motif de ce bombardement imprévu et qui heureusement n'eût pas le temps de faire beaucoup de dégât. Ils répondirent que le fait d'avoir rompu le pont par la mine était un acte de résistance qui justifiait leur procédé d'entamer la conversation par l'obus.

Les Allemands trouvent tout naturel ces moyens d'action sommaires et quand on s'en étonne devant eux ils répondent : « C'est la guerre ».

Le dimanche 11, arrive dans l'après midi l'ordre de départ demain 12, pour Paris. Le plus grand nombre des hommes sont en permission de la journée ; ceux du canton de Marines, qui pour aller chez eux par le chemin de fer sont obligés de passer par Paris et ont un long trajet à faire, ne doivent rentrer que cette nuit. On envoie des exprès pour hâter leur retour. Tous rentrent exactement à l'exception de deux misérables appartenant à la 7e compagnie qui trouvent l'occasion bonne pour déserter, pensant que, vu la rapidité de l'approche de l'ennemi et la nécessité pour les gendarmes de se replier sur Paris, on n'aura pas le temps de leur mettre la main au collet. C'est en effet ce qui arriva ; n'ayant jamais reparu, nos deux individus, jusqu'au jour de notre renvoi dans nos foyers furent portés avec la mention « déserteurs » sur toutes les situations. J'ignore si, après la guerre, il leur fut infligé d'autre châtiment que le mépris public.

Le 12, dès l'aube, le bataillon est sens dessus-dessous, on distribue à la hâte des gamelles individuelles arrivées la veille ; on renvoie à Paris des ballots qui viennent de nous parvenir et que nous n'avons pas le temps d'ouvrir et de distribuer. Les hommes font leurs préparatifs et leurs adieux. Chargé d'une somme assez grosse tout en monnaie d'argent pour la solde du bataillon, j'en distribue un peu aux sergents-majors pour soulager ma sacoche, si lourde encore que la courroie casse en route, puis on court prendre un dernier mazagran chez Koch et faire de tendres adieux à sa servante Amica. Enfin vers 1 heure après-midi, on nous mène à la gare neuve où nous attend un train spécial. Le bataillon s'y embarque lestement. Le matin, une avant-garde est déjà partie en chemin de fer avec le capitaine Fouju et le sous-lieutenant François. Une foule considérable assiste à notre départ. Parents et amis viennent serrer la main des partants et le train s'ébranle au milieu des acclamations.

Vers 3 heures, arrivée à Paris, gare Saint-Lazare. Entre la Seine et le rempart, nous voyons campées de nombreuses troupes de ligne, les seules que nous apercevions dans tout notre parcours ; nous voyons aussi les pièces en batterie sur les remparts, auxquels on travaille encore.

Enfin, on descend du train, on s'organise un peu en tumulte et nous voici en route pour l'Esplanade des Invalides en passant par les rues Tronchet, Royale et la place de la Concorde. Il fait un soleil ardent et une poussière à couper au couteau.

Dès les premiers pas, on aperçoit les résultats palpables du changement de gouvernement; on n'arrose plus les rues et on pisse partout. Aussi les yeux et l'odorat des vieux Parisiens, accoutumés à ce que leur ville fasse toilette tous es jours, sont-ils désagréablement affectés.

Grande animation causée par le grouillement d'innombrables mobiles qu'on voit s'agiter dans tous les sens et faire l'exercice dans tous les coins.

Halte sur l'Esplanade où la troupe reçoit des billets de logement pour le faubourg Saint-Germain, dans les hôtels les plus aristocratiques de Paris, tout simplement. Ceux qui n'y trouvent que des concierges et un grabat dans une mansarde préféreraient des demeures moins belles en façade mais plus hospitalières, d'autres sont soignés comme des enfants et prennent le matin le chocolat chez leurs hôtes avant de venir à l'exercice. Quant aux officiers, ils logeront à leurs frais où ils voudront à condition de ne pas trop s'éloigner.

On réunit ensuite les officiers du bataillon et nous allons à pied au Luxembourg; le général Corréard y loge. Il commande le quatrième groupe de mobiles auquel nous appartenons depuis que nous avions mis le pied dans Paris.

Le lieutenant-colonel Rincheval nous présente au général dont l'accueil est froid et renfrogné. Il nous exprime son regret de voir si peu d'anciens militaires parmi nous et nous congédie. Chacun s'en va avec empressement secouer sa poussière et chercher un diner et un gîte, soucis que m'épargne la présence de ma famille à Paris, pas trop loin des Invalides.

Le 13 septembre, à notre rassemblement du matin, sur l'Esplanade, on nous annonce que nous allons être passés en revue cet après-midi aux Champs-Elysées par le général Trochu. A 1 heure, nous nous mettons en marche aussi propres que possible et, enveloppés de la poussière républicaine que nous avons observée hier, nous traversons la Seine au pont de l'Alma et pénétrons dans les Champs-Elysées, arène poudreuse où le soleil radieux est presqu'obscurci par les nuages que nous soulevons. Il y a là une masse énorme de mobiles et surtout de gardes nationaux parmi lesquels beaucoup de nouveaux enrolés sans tenue et avec un armement incomplet ou bizarre.

Les colonnes oscillantes de la garde citoyenne recèlent force drapeaux et autres emblèmes plus ou moins patriotiques, les acclamations violentes et confuses ne cessent pas dans leurs rangs et leurs gosiers desséchés vont faire bientôt la joie de maint marchand de vin. Pour ces gens là, c'est une fête, une noce en style d'ouvrier.

Notre bataillon fidèle aux ordres reçus d'être muet sous les armes, observe un silence absolu ainsi qu'il l'a toujours fait et défile en ordre pour se masser au bas de l'avenue à droite en montant où l'on nous range en colonne serrée par division (front de deux compagnies) face à l'avenue. Nous attendons immobiles un bon quart d'heure puis on nous annonce que le gouverneur de Paris ne viendra pas jusqu'à nous. Il est rentré au Louvre. Nous regagnons l'Esplanade, un peu ahuris de cette revue où l'on ne passe sous l'œil de personne. Plus tard, j'ai compris aisément que voir des gardes nationaux depuis la place de la Bastille jusqu'à celle de la Concorde est un spectacle qui dut paraître bien fastidieux au gouverneur; il en fut probablement obsédé, si désireux qu'il fût de rechercher la popularité à tout prix.

Le 14, le 15, le 16, nos journées sont activement et plus utilement remplies.

Des bons dont je suis porteur sont établis et de forts détachement du bataillon vont en corvée chercher au lycée Bonaparte des vareuses noires et des pantalons gris à bandes rouges en simili-drap. Je ne trouve pas de meilleure expression pour caractériser ces pièces d'habillement à l'état de lambeaux quinze jours après leur distribution. Vareuse et pantalon coûtent 14 francs par homme, me dit-on en nous les délivrant, et nous en voyons d'énormes amas destinés aux nombreuses corvées qui assiègent les salles du lycée transformées en magasin.

Les vareuses noires à collet rabattu étaient ornées de boutons de métal blanc portant les insignes les plus divers étonnés de se rencontrer sur le même vêtement. On les passait comme une blouse, ou une chemise, n'étant pas fendues jusqu'au bas, et on ne pouvait y entrer sans les déchirer sous les bras. Quant aux pantalons, je vois encore un des mobiles les plus soigneux et les mieux astiqués de ma section avec sa culotte fendue en travers, d'une fesse à l'autre et ne tenant que par un lâcis de grosse ficelle à travers lequel on voyait la chemise. Les souliers que nous distribue la maison Godillot, les ceintures de flanelle sont de bonne qualité ainsi que les objets que nous délivre le magasin de campement du quai d'Orsay. Nous y touchons cravates, toiles de tentes, couvertures, bidons, bretelles de fusil, musettes, marmites, enfin tous nos ustensiles de campagne.

A ce magasin de campement, on se presse, on se heurte; dix officiers agitant leurs bons prétendent être servis à la fois; les magasiniers sont tout à fait ahuris. Il fallait faire antichambre comme dans un ministère.

Le 15, à 5 heures du soir, je revenais à l'Esplanade avec une corvée nombreuse portant entre autres objets les couvertures destinées au bataillon. Je trouve la troupe réunie. On est fort agité par l'ordre qui vient d'arriver de prendre les armes sur le champ et d'aller à Vaugirard monter la garde.

La distribution des effets de campement que la corvée jette en tas en arrivant sur le terrain se fait aussitôt et avec une précipitation qui dégénère promptement en désordre.

Plusieurs commandants de compagnie craignant de ne pas avoir assez de couvertures les jettent à la volée, sans compter, dans les bras de leurs hommes. Or, nous apportions des couvertures entières et chaque homme n'ayant droit qu'à une demi-couverture, il devait en être donné une par deux parties prenantes, quitte entre deux camarades à la couper par la moitié. Le désordre est tel que les premiers servis emportent de force chacun une couverture entière ; il ne reste plus rien pour les autres. L'ordre fut donné le lendemain de partager les couvertures en deux, mais il se trouva éludé en partie et je dus demander au campement un supplément auquel nous n'avions aucun droit. Après de vains efforts de ma part pour m'opposer au pillage, seul contre vingt officiers et un millier d'hommes, je vois l'inutilité d'une lutte stérile et les laisse prendre ce qui leur tombe sous la main. Quand il n'y a plus rien, je leur tourne les talons et m'en vais fort mécontent ; le colonel m'ayant exempté de la garde, vu mon travail comme payeur et officier de détail ; je rentre chez moi. Jamais je ne pus obtenir des compagnies, ni bon, ni état pour cette distribution irrégulière.

Le bataillon mis en marche s'arrête à la rue St-Charles à Grenelle, et y passe la nuit entière, immobile et inactif. On eût là des démêlés avec MM. les Gardes Nationaux dont une patrouille avait arrêté et emmené au poste deux officiers du bataillon qui faisaient les cent pas en causant entre eux à quelques mètres de leur troupe.

Fiers d'avoir empoigné deux espions prussiens déguisés, disaient-ils, en officiers de mobiles, les Gardes Nationaux ne voulaient pas les lâcher. Il fallut parlementer longuement et même menacer avant qu'ils consentissent à les restituer au commandant et à plusieurs de leurs camarades accourus pour les réclamer.

C'est ainsi que les Gardes Nationaux semaient les ferments de la répulsion bien sentie que nos mobiles ne tardèrent pas à leur marquer et plus tard, quand on se rencontrait, mobiles et pantouflards, comme on les appelait, n'échangeaient pas précisément des compliments. Sans les officiers qui s'interposaient, on en serait venu aux coups.

Le 18, le bataillon prend les armes dès le matin et va au bastion 68, près de la porte de Sèvres. Le soir, on y dresse les tentes-abris pour la première fois.

Pendant ce temps, je déménage notre petit dépôt de la caserne de la Tour-Maubourg où il était depuis quelques jours pour l'installer chez les Frères de St-Jean-de-Dieu, boulevard des Invalides et rue Oudinot. Leurs locaux servent d'ambulance. Nous avons pour magasin le rez-de-chaussée d'un pavillon vide dans une arrière-cour.

Nous avons depuis peu des chariots franc-comtois à raison de deux par bataillon. Les conducteurs non militaires sont des paysans du Doubs, pour la plupart propriétaires de leurs voitures et attelages, enrôlés par une compagnie de transport qui avait traité avec l'administration militaire. Ces braves paysans nous suivirent partout et étaient honnêtes et serviables.

Tant que nos voitures n'apportèrent que des vêtements, guêtres et objets d'équipement, les bons Frères ne firent aucune observation, mais lorsqu'arriva notre réserve de cartouches, la communauté s'émut. Il y avait des malades, des blessés chez eux, nous n'avions pas le droit d'introduire des munitions qui pouvaient sauter, dans une ambulance. J'étais seul pour répondre aux objections qui m'étaient faites, enfin à force de raisonner et vu l'impossibilité de les loger ailleurs, je parviens à obtenir que nos cartouches soient déposées dans une pièce entièrement vide et fermant bien. J'installe à côté un caporal et quatre hommes avec défense formelle de fumer.

Le 19, au matin, le bataillon voit du rempart un combat animé à Clamart; c'est l'affaire de Châtillon qui commence. Bien que chaque homme ait sa giberne pleine, on m'envoie l'ordre de faire parvenir par les chariots la réserve de cartouches. Nous les hissons à grand'peine sur les voitures, ces munitions étant contenues dans de grandes caisses en mauvais bois blanc déjà toutes disloquées; ayant fait plusieurs voyages et subi des déménagements divers; les couvercles ne tiennent plus. Ce supplément fut inutile, le bataillon n'ayant pas eu à tirer. D'ailleurs, il ne tarde pas à rentrer au cantonnement.

Dans l'après-midi, a lieu l'élection des officiers par leurs hommes, mesure sur laquelle je ne m'étendrai pas et que le simple bon sens aurait suffi à condamner, mais le sens commun n'était pas dans les moyens de ceux qui nous gouvernaient.

Voici les changements qu'amena le scrutin :

1re compagnie, M. Garraud, capitaine, ne se représente pas, estimant qu'ancien capitaine de l'armée, il ne lui convient pas de se soumettre aux caprices de l'élection.

Il est remplacé par Lafosse, ancien sergent aux Grenadiers de la Garde, adjudant sous-officier du bataillon qui en cinq minutes voit son galon d'argent changé en un triple galon d'or.

2me compagnie, De Nabat, lieutenant, n'est pas réélu ; De Sars passe lieutenant et Roquet, sergent, devient sous-lieutenant.

3me et 4me compagnies, pas de changement.

5me compagnie, M. Loriot, capitaine, n'est pas réélu. Cet officier âgé, asthmatique, n'était plus en état de faire campagne.

Bischoff, lieutenant, est élu capitaine, de Chalus, sous-lieutenant passe lieutenant, et Fleury, sergent, est élu sous-lieutenant.

6me compagnie, pas de changement immédiat, mais le capitaine M. Fouju, ayant été élu le soir même chef de bataillon, de Bojano, lieutenant passe capitaine, Laloy devient lieutenant, et Fourmentin, sergent, sous-lieutenant.

A la 7me compagnie, pas de changement.

A la 8me compagnie, de Beaulieu, lieutenant, n'est pas réélu, Hamot, sous-lieutenant passe lieutenant et Delacour, sergent, est élu sous-lieutenant.

De Beaulieu était peu aimé de ses hommes, parce que dès le début, il avait pris l'habitude d'apostropher durement son monde. Actif et intelligent, il fut, en nous quittant, attaché à l'Etat-major du général Ducrot, et se distingua à Champigny par l'énergie avec laquelle il rallia et ramena au feu des mobiles qui fléchissaient.

Il reçut la croix peu de temps après et ne l'aurait certainement pas eue s'il fût resté au bataillon où aucune récompense ne fut attribuée aux lieutenants et sous-lieutenants.

Les élections étant terminées dans les compagnies, le corps des officiers tant réélus que nouvellement élus se rassembla pour procéder à l'élection du chef de bataillon.

Il y avait un candidat officiel dans la personne de M. Totti, capitaine d'infanterie de ligne qui nous fut présenté, mais l'air renfrogné de cet officier qui nous était d'ailleurs entièrement inconnu lui ôtait toute chance. En effet, il n'a pas une voix et M. Fouju est nommé commandant à la grande majorité des suffrages.

Le capitaine Montagnac a quelques voix et le capitaine Fanet, une.

Graux, sous-lieutenant à la 4me, paraissant disposé à me remplacer comme payeur et officier de détail, je le présente comme tel au lieutenant colonel et au commandant qui l'agréent. Je m'empresse de lui passer mes fonctions administratives. Il s'en tira beaucoup mieux que je n'aurais pu le faire et ce n'était pas une sinécure car, bien qu'il ait été mis hors cadres, il avait, par la nature de ses fonctions, beaucoup plus de travail qu'aucun de nous.

Il suffit à tout, ayant des habitudes d'ordre et de méthode indispensables surtout en présence des difficultés résultant de l'état de guerre, et de l'inexpérience des comptables dans les compagnies. Lorsque nous rentrâmes dans nos foyers en mars 1871, Graux commençait la liquidation des comptes.

Ce travail interrompu par la Commune fut repris ensuite et ne prit fin qu'au mois de septembre suivant.

Le 2me bataillon de Seine-et-Oise fut le seul du département qui put présenter une comptabilité entièrement en règle et arrêter ses comptes avec du moins perçu.

Chose bizarre, le capitaine-major du département, au lieu d'être dirigé sur Paris où étaient tous les contingents de la mobile de Seine-et-Oise fut, au moment où les Prussiens approchèrent de Versailles, envoyés à Chartres avec des mobiles cordonniers et tailleurs tirés de divers bataillons du département, de sorte qu'il avait passé pour nous des marchés dont nous n'eûmes connaissance que trop tard et qu'il ne put surveiller en rien l'administration. Les ouvriers qu'il dirigeait nous auraient été utiles ; ils furent perdus pour l'armée de Paris et de Chartres, toujours avec le capitaine major, ils allèrent, je ne sais où, travailler pour l'armée de la Loire. Après la guerre, le capitaine-major revint pour la liquidation de la comptabilité des bataillons et batteries du département, n'ayant rien vu, rien dirigé, et tout à fait étranger à ce qui s'était passé chez nous pendant la guerre. Quoi qu'il en soit, très satisfait de la gestion de Graux, il lui proposa de travailler à la liquidation des autres bataillons, tous en débet envers l'Etat ; Graux naturellement déclina cet honneur.

Le petit dépôt déménage une fois encore et est installé dans une remise du Ministère des Affaires étrangères.

Les distributions de vivres aux compagnies lorsqu'on fut baraqué se firent dans une cour attenante. On allait prendre ces vivres en bloc à la manutention du quai Debilly.

Nos réserves de cartouches dans des caisses avariées vont cesser de nous embarrasser, car on nous délivre de nos fusils à tabatière, assez défectueux d'ailleurs comme fabrication et on donne le chassepot à nos hommes qui sont ravis.

J'allai verser les munitions à tabatière empilées tant bien que mal dans nos chariots à la capsulerie de l'avenue Rapp qui sauta si bien sous la Commune.

Si ce sinistre n'arriva pas plus tôt, il faut s'en étonner, car dans ce terrain enclos en planches, sous des hangars, au milieu des allants et venants, on maniait des poudres et des munitions avec une absence de précautions étonnante.

Nos hommes avaient rendu leurs cartouches à tabatière pêle-mêle, les paquets éventrés, les cartouches de réserve en désordre dans des caisses en lambeaux et les compagnies n'avaient remis aucune note numérique des munitions versées par elles ; aussi je m'attendais à des difficultés avec l'artillerie. Il n'en fut rien. A l'entrée, un maréchal-des-logis me demanda ce que j'apportais ; nous évaluâmes l'amas à vue d'œil, il me donna un reçu pour la quantité que je voulus après que les charretiers eurent mis en tas dans la cour tout le chargement et il ne fut plus question de rien.

Ce sous-officier m'offrit ensuite de visiter les ateliers. On travaillait avec activité dans des locaux à peine clos où on confectionnait des cartouches au milieu de gens qu entraient et sortaient à volonté. Ailleurs, en plein air, on empilait ou emballait les paquets. Je ne pus m'empêcher de m'étonner devant ce bon artilleur de voir pratiquer tout cela à côté de voitures circulant continuellement et sans plus de façon que si on manipulait les substances les plus inoffensives. Il se contenta de rire et de hausser les épaules.

Le 22 septembre, les 1re, 3e, 4e et 5e compagnies sont désignées pour prendre la garde au bastion 69. Nous avions le chassepot depuis la veille.

On ne verra pas, dans les différentes gardes montées à cette époque par le bataillon, figurer la 2e compagnie, désignée pour former le dépôt. Elle versa son effectif aux autres compagnies pour les égaliser et ne garda que son cadre et quelques hommes de troupe.

Quinze jours après, le dépôt est supprimé et la 2ᵉ compagnie se reconstitue en reprenant des hommes aux sept autres. Les quatre compagnies de garde le 22 quittent l'Esplanade des Invalides, notre point de rassemblement, à six heures et demie du matin. Les compagnies qui ne sont pas de garde manœuvrent. L'école de peloton et celle des tirailleurs s'exécutent tour à tour.

Le 24 septembre, sont de garde les 1ʳᵉ, 3ᵉ, 7ᵉ, 8ᵉ compagnies. Le commandant est à la tête de ce demi bataillon qui part à neuf heures du matin pour se rendre aux points suivants du 7ᵉ secteur, amiral de Montagnac.

1ʳᵉ et 3ᵉ compagnies au poste de l'Obélisque, 7ᵉ compagnie au poste de la rue Saint-Charles, 8ᵉ au Collège des Jésuites, à Vaugirard. Je ne vais pas à cette garde, étant occupé avec Graux à régulariser la comptabilité. En trois semaines de gestion comme officier payeur, il me passa vingt-sept mille francs par les mains en espèces, plus l'habillement et le campement pour nos 1062 hommes.

Le 25 septembre, à l'exercice du matin, les quatre compagnies de droite commencent les premiers mouvements de l'école de bataillon.

Le 26, chaque homme reçoit une petite étiquette en parchemin qu'il doit tenir pendue à son cou et sur laquelle sont inscrits le département, le bataillon, la compagnie, le numéro matricule. M. Loriot, capitaine non réélu, est chargé des fonctions de capitaine-major du bataillon. M. Garreau, capitaine dans une situation semblable, prend par intérim le commandement du petit dépôt. Ces deux commandements étaient d'absolues sinécures, mais ils permettaient de faire subsister honorablement ces deux anciens officiers; ils conservèrent leurs fonctions jusqu'à la fin du siège. Le lieutenant de Sars, de la 2e compagnie, remplace momentanément à la 4e Graux, nommé payeur.

Le 27, comme d'habitude, exercice de 7 à 9 heures du matin et de 2 à 4 le soir, de même le 28.

Le 29, tout le bataillon prend la garde aux 7e et 8e secteurs.

Les 1re, 3e, 4e compagnies sous les ordres du capitaine adjudant-major Montagnac vont au 8e secteur, les 5e, 6e, 7e et 8e au 7e secteur dont le quartier général est rue de Vaugirard. De là, on nous distribue entre les différentes portes de Paris dépendant de ce secteur. Cette fois, je marche avec ma section.

Le 30 au matin, coups de fusil du côté de Choisy et de l'Hay. La 4e compagnie de garde à la porte d'Orléans voit revenir de nombreux blessés.

Dans l'après-midi du 30, le bataillon logé jusque là chez l'habitant prend son casernement dans les baraques de l'Esplanade, évacuées depuis peu par l'infanterie de ligne. Ces baraques sont les petites boutiques uniformes peintes en vert clair avec filets vert foncé que, dans les dernières années de l'Empire, la Préfecture de la Seine louait aux petits industriels et camelots des boulevards à l'époque du jour de l'an. Chaque boutique contient trois hommes.

On ouvre la devanture quand il fait beau et qu'on veut voir clair ; la planche destinée à supporter l'étalage sert de table ; la nuit, on ferme tout et on couche sur les planches dont se compose le parquet.

L'Intendance distribue comme couchage une demi botte de paille par homme, mais elle prévient en même temps que la paille étant rare, cette distribution ne sera jamais renouvelée. En effet, elle ne le fut pas, aussi il fallait voir, au bout de quelques jours, l'état de cette litière devenue fumier ! Il fallut jeter dehors cette ordure et les hommes durent, jusqu'au 6 novembre, reposer tout habillés sur le plancher nu et toujours humide des baraques.

C'était une préparation sérieuse aux misères qui devaient suivre.

On touche les vivres de campagne et le bataillon trempe la soupe pour la première fois dans des baraques spéciales dépendant du camp et contenant d'énormes marmites ; des cuisiniers improvisés y remuent à grand peine le brouet qui cuit dans chacune d'elles pour environ cent hommes. L'adjudant du bataillon couche au baraquement ainsi que tous les sous-officiers. Les officiers continuent à loger à leurs frais dans le voisinage.

Trois factionnaires gardent le camp, la nuit et le jour. Comme pour les cheveux de Cadet Rousselle, il y en a deux pour les faces et un pour la queue, c'est-à-dire un sur chaque flanc et un derrière le camp ; il est évident que celui-ci occupant un assez vaste espace, ceux qui veulent découcher n'ont qu'à s'en aller tranquillement, après l'appel du soir, et il est certain que ceux qui ont encore de l'argent ne s'en font pas sans faute. On reçoit d'autre part au cantonnement des visites peu orthodoxes ; les filles y pénètrent à volonté.

Le jour de notre installation au baraquement, on ouvre les livres d'ordinaire, enfin on pourvoit par un achat de balais à la propreté du quartier.

CHAPITRE III

Octobre 1870.

PARIS. — ESPLANADE DES INVALIDES

Nouvel habillement, havre-sacs. — Continuation de l'instruction. — Service de garde aux 7ᵉ et 8ᵉ secteurs. — Incidents divers. — Le docteur Astail, médecin aide-major. — Capitulation de Metz. — Journée du 31 octobre.

Le samedi 1ᵉʳ octobre, exercice le matin ; l'après-midi, le quartier est consigné pour les soins et travaux de propreté, enfin on touche au quai d'Orsay des vestes en drap de petite tenue destinées à remplacer les vareuses en lambeaux. Ces vestes du modèle réglementaire de l'infanterie sont en bon drap, solides et bien confectionnées.

Le dimanche 2, nous devons nous tenir prêts à 7 heures et demie du matin pour une inspection du général de brigade ; les hommes doivent être rangés devant le baraquement. Nous sommes sur pied et astiqués dès le matin, mais les heures se passent sans que le général paraisse. Enfin, à l'heure du déjeuner, las d'attendre, nous allons à notre restaurant habituel, le Pied de Mouton pensant qu'après trois heures d'attente vaine, nous n'avons pas à craindre la visite du général, et qu'il y a eu sans doute contre ordre qu'on aura omis de nous communiquer.

A peine avons nous disparu dans l'avenue de la Mothe-Piquet que le général arrive La troupe est là, mais plus d'officiers. Heureusement le capitaine Montagnac se trouve encore au baraquement. Il explique au général pourquoi il se trouve seul pour le recevoir, lui fait les honneurs du quartier et enfin notre Brigâdier d'abord un peu mécontent s'en va satisfait. Montagnac dont les jambes sont encore aussi bonnes que sa langue gasconne accourt nous rattraper à table et nous conter l'affaire.

Le 2 et le 3 octobre, exercice pour tout le monde; de plus le 3, le bataillon est consigné et doit se tenir prêt à marcher; le 4, exercice; le 5, garde aux secteurs, aucun incident notable.

Le 6, on s'occupe de rectifier l'habillement et de remplacer les effets déjà usés ou mal assujettis à la taille des hommes. On touche des pantalons en drap gris bleuté à bande rouge du modèle réglementaire de la garde mobile, solides et en bon drap,

A partir du 7, l'exercice du matin a lieu de 7 heures et demie à 9 heures et demie et celui du soir de 1 heure et demie à 3 henres et demie. Ces heures ne varient plus jusqu'à notre départ de Montrouge.

On achète des sacs de petite monture complètement garnis pour la troupe; le besoin de ce nécessaire du soldat se faisait vivement sentir.

Le 8, soins et travaux de propreté.

Le 9, nous devons être passés en revue par le général Corréard, commandant le 4ᵉ groupe de mobiles dont nous faisons partie et qui compte vingt-cinq mille mobiles. Il y eut sans doute contre ordre car, seul, notre général de brigade d'Argentolle vient nous inspecter au baraquement.

Les 10, 11, 12, 13, 14, rien de nouveau.

Le 15, le bataillon fournit cinq détachements de garde.

Le 1ᵉʳ composé des 1ʳᵉ et 2ᵉ compagnies se rend au quartier général de la rue de Vaugirard.

Le 2ᵉ formé de cent hommes de chacune des 3ᵉ et 4ᵉ compagnies va au 8ᵉ secteur.

Le 3ᵉ comprenant la 5ᵉ compagnie tout entière et cent hommes de la 6ᵉ se rend à l'usine à gaz à l'embranchement des routes de Choisy et d'Ivry. Ce détachement emporte quatre-vingt dix cartouches par homme.

La 7ᵉ fournit le 4ᵉ détachement de soixante hommes qui va, sous mes ordres garder les baraquements des boulevards de Port-Royal et de Saint-Marcel. Je relève le poste fourni par les mobiles de la Somme et suis relevé à mon tour dans l'après-midi par les mobiles de la Vendée rentrant dans Paris après un séjour aux avant-postes. Un de leurs bataillons vient occuper les baraques dont j'avais la garde et je ramène ma troupe à l'Esplanade.

Le 5ᵉ détachement, deux sous-officiers et douze hommes de la 8ᵉ compagnie, va prendre la garde au Luxembourg.

Nous commençons enfin à être pourvus de havre-sacs,

objet fort désiré de nos hommes, obligés, à chaque prise d'armes, en dehors des exercices, d'emporter comme ils peuvent, gamelles, bâtons de tentes, grands bidons, attachés avec des ficelles le long de la toile de tente et de la porter roulée en tirailleur, c'est-à-dire en sautoir. Ces paquetages forcément peu solides se désorganisaient en marche et outre l'insupportable bruit de fer blanc qui nous accompagnait à chaque pas, il n'était pas rare de voir tomber dans la poussière plats ou gamelles mal assujettis et dont le possesseur, après avoir ramassé son bien, non sans désordre pour les rangs, était obligé de continuer sa route un plat ou un bidon sous le bras ou à la main et le fusil sur l'autre épaule. Les sacs vont nous permettre de tout arrimer proprement et les hommes ont vite appris à les paqueter régulièrement. On ne nous donne que deux ou trois cent havre-sacs à la fois et nous mettons plus de huit jours à avoir notre complet. Ces sacs sont en toile noire comme ceux des mobiles de la Seine.

Quelques mobiles soigneux et bien avisés s'en étaient déjà procuré en peau chez les fripiers voisins de l'école militaire où l'on en trouve facilement à bon compte. Ils demandent à les garder et nous y consentons. Ces sacs en peau ne traversent pas à la pluie, qualité précieuse que ne possèdent pas les sacs de toile qui nous sont distribués.

Le 16, pas d'exercice, le 17, repos du dimanche.

Le 18, le 19, écoles de peloton et de bataillon; celle-ci

s'exécute par quatre compagnies à la fois ; le bataillon entier tiendrait trop de place sur l'Esplanade, où manœuvrent aussi de nombreux gardes nationaux du quartier, très jaloux de conserver pour leur usage exclusif les carrés de terrain qui leur ont été attribués. Les quatre compagnies qui ne sont pas à l'école de bataillon exécutent l'école de peloton et ainsi alternativement. Le commandant et l'adjudant-major se succèdent dans la direction de l'école de bataillon. Le lieutenant-colonel Rincheval vient très fréquemment surveiller nos exercices.

Le bataillon commence à manœuvrer passablement. Dès le 4 octobre, nous formions déjà le carré sans difficulté.

Le 20, le bataillon est de garde.

La 1re compagnie et 100 hommes de la 2e sont à l'embranchement des routes d'Ivry et de Choisy, 9e secteur,

Les 3e et 4e compagnies sont de garde au 8e secteur, quartier général, 93, avenue d'Orléans.

La 5e compagnie fournit un poste de douze hommes au Luxembourg.

La 6e compagnie reste au baraquement de l'Esplanade.

Les 7e et 8e compagnies vont au 7e secteur, quartier général rue de Vaugirard, gare du chemin de fer de ceinture.

Tout le monde a sac au dos et on emporte quelques capotes nouvellement distribuées. Elles serviront à couvrir les factionnaires la nuit. Celles-ci sont fraîches et le paraissent davantage après les journées ensoleillées et chaudes auxquelles elles succèdent. Je vais à la porte de Vanves avec une section de la 7e et une de la 8e commandée par le lieutenant Hamot. J'ai le commandement du détachement comme le plus ancien... d'âge.

Le chef du poste des mobiles de la Somme que nous relevons, lieutenant comme nous, me transmet un ordre écrit d'arrêter toutes les voitures venant de l'extérieur contenant des légumes et de les diriger sous escorte sur le magasin à fourrages du bastion 75 où ces voitures devront rester jusqu'à nouvel ordre. Cet ordre singulier, je l'ai encore dans mes papiers. Mon camarade de la Somme me le remit en me disant qu'il n'était pas révoqué mais qu'il avait en vain tenté la veille de le faire exécuter. Il me raconta qu'une fois l'ordre reçu, ses hommes voulurent s'emparer des premières voitures chargées de légumes qui se présentèrent pour entrer dans Paris mais les conducteurs de ces voitures s'étaient vertement regimbés. De là un embarras de charrettes qui allait toujours croissant et un gros rassemblement houleux et irrité qui eut bientôt debordé le poste.

Les gardiens de la paix en armes qui, vêtus en gardes nationaux, fournissaient une escouade à chacune des portes, étaient alors intervenus, mais en vain, malgré un renfort que l'on était allé chercher. Le colonel de place, l'amiral commandant le secteur, étaient survenus ensuite avec des gendarmes, mais l'autorité n'avait pu, somme toute, se saisir d'une seule voiture et, après bien du temps, des jurons et des cris, tout le monde avait battu en retraite devant la foule.

Je mis en poche l'ordre d'arrêter les voitures, dont je n'ai jamais compris le but et qui était, d'ailleurs, fort arbitraire, et me gardai bien d'en tenter l'exécution ; aussi, toute la journée, les légumes provenant des champs, entre Paris et l'ennemi, rentrèrent librement, à dos d'hommes, sur des brouettes ou par charretées.

Assurément, tous ces gens-là n'étaient pas les légitimes propriétaires des champs qu'ils avaient récoltés, mais on avouera qu'il était difficile de distinguer les possesseurs réels et honnêtes des maraudeurs. Ceux-ci s'empressaient de revendre leur butin à des courtiers qui les guettaient au passage, dans tous les cabarets du voisinage. Pour cinq francs et un verre de tord-boyaux, ceux-ci avaient un sac de pommes de terre valant déjà 30 francs dans l'intérieur de Paris. Du reste, le nombre de ceux qui rentraient avec des légumes, était si considérable, que s'il eût fallu s'enquérir des droits de chacun, on n'eut jamais fini. Enfin, mettre en fourrière les voitures, chevaux et chargements de ceux qui rentraient ce qui leur appartenait réellement, eût été un abus évident.

Je me contentai donc de faire prélever au profit de mes hommes une sorte de dîme sur les voitures qui rentraient. Deux mobiles, sans armes et munis d'une toile de tente se relayant près de la porte demandaient poliment si on voulait bien leur donner quelques légumes. Bien peu parmi ceux qui en ramenaient des charretées refusaient deux ou trois pommes de terre ou carottes. Les maraudeurs inquiets en passant devant la force armée grimaçaient un sourire et donnaient avec une feinte bonhommie ce que les braves gens donnaient de bon cœur. Le dîner de la troupe et la soupe du lendemain furent sains, substantiels et copieux. Les hommes étaient charmés de se passer un peu de l'éternel riz du gouvernement.

En descendant la garde, nous apprenons que le bataillon va bientôt être appelé à faire le service hors de Paris.

Les capitaines sont invités à veiller à ce que l'équipement de leurs hommes soit absolument complet.

On s'aligne donc en buffleteries, chaussures etc. On coud des boutons aux capotes d'infanterie toutes neuves que le bataillon vient de recevoir pour tout son effectif.

Nous avons aussi des képis neufs en drap bleu foncé à bandeau rouge remplaçant avantageusement les calots usés et déformés que la troupe portait depuis Mantes.

Le 22, exercice comme d'habitude, la troupe en capote pour la première fois. Les officiers ne vont pas tarder à en avoir aussi. L'état nous offre de nous vendre des capotes de troupe à 26 ou 27 francs, mais nous voulons mieux, et après des recherches infructueuses dans plusieurs magasins, nous trouvons chez Godillot des capotes en drap de troupe à collet rabattu et pourvues d'une bonne pèlerine à capuchon, du même drap protégeant un peu les épaules et pouvant se mettre ou s'ôter à volonté. La maison Godillot nous vend ce vêtement 40 francs, la couture des boutons, boutons de troupe en cuivre, sans numéro ainsi que les galons de grade se paient à part. Ce n'était pas donné mais nous fûmes chaudement et solidement habillés et comme la troupe fut constamment en capote pour le service à partir de novembre, nous fûmes aussi toujours dans la même tenue.

On annonce une revue au Champ de Mars pour le dimanche 23. Tout le groupe Corréard doit s'y trouver réuni et son chef doit le passer en revue.

Le capitaine Montagnac part de bon matin avec des jalonneurs pour marquer l'emplacement du bataillon mais la pluie tombe à torrents et la revue est décommandée.

J'ai su depuis que le 60e mobiles et particulièrement le 2e bataillon étaient considérés comme la troupe la mieux instruite de la division Corréard. Le général avait l'intention, en nous félicitant, de nous proposer comme modèles aux autres mobiles du groupe.

Il est donc fâcheux que cette revue n'ait pas eu lieu. Elle aurait remonté le moral et les braves gens que nous commandions méritaient d'être encouragés car ils faisaient preuve de discipline, d'exactitude dans le service et les manœuvres s'exécutaient d'une manière très satisfaisante.

Le mauvais temps, du reste, dura jusqu'à la fin du mois, au point de gêner beaucoup nos exercices.

Le baraquement devint un vrai cloaque ; le plancher des petites boutiques où logeaient nos hommes ne séchait plus et s'emplissait de boue. Les hommes constamment mouillés y avaient un coucher malsain sur du bois saturé d'eau. Ils couchaient tout habillés et leurs chaussures ne séchaient plus.

Je n'ai pas remarqué malgré ces conditions fâcheuses pour l'hygiène que le nombre des malades ait augmenté pendant cette période. Nous étions d'ailleurs, depuis notre arrivée à Paris éprouvés par la petite vérole qui y régnait depuis un an. La misère et l'agglomération des troupes devaient prolonger et aggraver cette épidémie pendant tout le siège. La contagion avait présenté pour le bataillon ce fait caractéristique qu'arrivés à Paris le 12 septembre dans l'après-midi sans un malade, le 13, trente varioleux étaient reconnus à la visite du médecin.

La pluie nous contraint de remplacer l'exercice par des théories que nous faisons dans de grandes baraques en construction devant le front de notre camp et sur tout le pourtour de l'esplanade.

Ainsi se passent les journées des 25, 26, 27, 28 octobre.

Le 1er bataillon de notre régiment (Étampes), cammandant Roland, ancien officier de cavalerie, baraqué depuis quelque temps à côté de nous, nous quitte le 29 pour Passy.

La veille, un punch offert par le lieutenant-colonel réunit les officiers des deux bataillons.

Quant à notre 3e bataillon, nous savons depuis longtemps

que ce n'est pas un bataillon de l'Oise mais le 3ᵉ bataillon de notre département (Pontoise), commandant Blot, ancien capitaine de chasseurs à pied. Nous ne serons rejoints par ce bataillon qu'à Montrouge, en novembre.

Le 29, le docteur Astail vient au bataillon en qualité d'aide-major. Il était étudiant en médecine à Paris et n'avait plus que sa thèse de docteur à passer lorsque la guerre éclata. Il était de Vaucluse mais se trouvant à Paris au momment où le siège allait commencer, il fut requis par l'autorité militaire, envoyé d'abord à Vincennes aux chasseurs à pied puis il nous fut attaché. Le médecin-major du régiment est le docteur Drouet médecin civil qui nous a suivis volontairement à Paris. Il eût mieux fait de rester chez lui. Officiers et mobiles en ont gardé un fâcheux souvenir. Il est mort depuis la guerre et je n'insiste pas davantage. J'aime mieux dire qu'Astail se montre très bon camarade, zélé et humain. Le dimanche 30 au matin, le colonel inspecte le bataillon en tenue de route. Notre équipement est enfin complet. Après quelques mouvements, on défile, alignés et correctement. Le bataillon est consigné.

Le lundi 31 au matin, on ne voit que groupes inquiets et figures allongées.

Le 30 au soir, le bruit courait que nous avions perdu le Bourget, village brillamment enlevé aux Prussiens deux jours auparavant. Aujourd'hui arrive l'écrasante nouvelle de la capitulation de Metz. On nous dit qu'une affiche officielle l'annonce. Après l'exercice du matin, plusieurs d'entre nous vont lire cette affiche et reviennent convaincus, mais profondément attristés. Nos hommes sont consternés et de sombres réflexions s'entendent de tous côtés. On nous consigne dans l'après-midi ; le bruit s'étant répandu qu'il va y avoir un mouvement dans Paris. Tout, cependant, demeure calme autour de nous.

Cependant, vers 9 heures du soir, le bataillon prend les armes, traverse la Seine devant la Chambre des Députés et en colonne par section, gagne la place Vendôme par les rues de Rivoli et de Castiglione, puis par la rue de la Paix, se rend au Nouvel Opéra où les compagnies sont placées en lignes les unes derrière les autres, sur la place, face au boulevard. Le lieutenant-colonel Rincheval et le commandant sont à la tête de la colonne.

Je rejoins le bataillon pour apprendre que les 6e, 7e et 8e compagnies ont été détachées au Ministère de l'Intérieur, place Beauveau. J'y arrive en nage, suivi de mon brosseur, avec armes et bagages. Le temps est à la pluie, le pavé gras, l'atmosphère moite.

Le Ministère de l'Intérieur est bondé d'hommes armés. Outre nos trois compagnies, il y a tous les gardes nationaux du quartier. On bivouaque partout, dans les bureaux, dans les couloirs, les salons, sur les marches des escaliers, jusque dans la cuisine du Ministre, sous-sol éclairé au gaz et bien chaud, où toute la 7e campe à l'aise. Justement, nos hommes s'y installent au moment où j'arrive. Les officiers de la compagnie ont pour gîte le bureau du Secrétaire général, orné d'un tapis. M. Laffon s'installe dans un fauteuil ; M. de Seraincourt, François et moi nous étendons sur le tapis qui nous présente un excellent coucher. Des *Almanachs Bottin* et les *Dictionnaires de Bouillet* nous servent d'oreillers. Le Secrétaire Général nous enjambe plusieurs fois pour aller signer des reçus de dépêches à son bureau ; par lui, nous avons les dernières nouvelles. Nous nous endormons jusqu'au petit jour, après avoir appris que les membres du Gouvernement sont saufs et ont cessé d'être captifs.

Le matin, on nous apporte le café, que nous dégustons avec Hamot et Delacour, qui ont dormi paisiblement dans un cabinet voisin du nôtre.

Nos hommes, que nous allons voir, sont enchantés de l'hospitalité ministérielle. Hier soir, ils ont eu du vin ; ce matin, le café. Ils sont gais et contents.

A 10 heures, visite de notre lieutenant-colonel.

Les 6e et 7e compagnies doivent rentrer au cantonnement.

Deux heures après, la 8e en fait autant.

La 2e compagnie garde le Ministère des Affaires étrangères.

En rentrant, nous apprenons ce que sont devenues les autres fractions du bataillon.

La station sur la place de l'Opéra s'est prolongée une partie de la nuit, suivie d'une autre séance de drogue sur la place Vendôme, où le général Trochu passe vers quatre heures du matin.

Peu de temps après, nos camarades rentraient à l'Esplanade.

CHAPITRE IV

Novembre 1870.

ESPLANADE DES INVALIDES. — MONTROUGE.

Vote sur le maintien du Gouvernement. — Le 60ᵉ régiment relève les mobiles du Finistère à Montrouge le 6 novembre, et est cantonné dans le village. — Avant-postes de la route d'Orléans, face à l'ennemi. — Tir à la cible, vaccination. — Le sergent Billon. — Alerte, nuit du 20 au 21 novembre. — Ecole de régiment. — Combat de l'Hay. — Obus ennemis (29 novembre). — Nous entendons le canon de Champigny (30 novembre). — Ma compagnie de garde au Moulin de Cachan.

Le 1ᵉʳ novembre, quoique le calme soit rétabli, les hommes sont avertis de ne pas s'éloigner du cantonnement, le bataillon devant se tenir prêt à marcher.

Le 2, pas d'exercice; conférence pour les officiers chez le commandant, à midi et demi.

Le 3 au matin, nous votons avec la population et l'armée de Paris sur le point de savoir si on veut le maintien du Gouvernement de la Défense Nationale... ou la Commune.

La réponse ne peut être douteuse. Un bureau pour le vote est établi dans chaque compagnie.

Les bulletins sont ensuite réunis et dépouillés par un bureau central pour tout le bataillon, qui vote unanimement *oui*. On ne constate qu'une seule abstention et un bulletin est annulé par le bureau, parce qu'au *oui* se trouve ajouté ce commentaire : « A condition que Trochu dirigera mieux ses sorties. »

Après le vote, où les grands bidons servent d'urnes, le bataillon est consigné. Le général Corréard doit prendre le commandement au cas où la mobile serait appelée à marcher.

Le 4, nous reprenons nos exercices ordinaires.

Le 5, l'ordre de départ arrive le matin pour le lendemain 6.

Nous devons prendre le service en dehors des remparts.

C'est notre entrée en campagne.

Le 2ᵉ bataillon devra être cantonné dans le village de Montrouge. En conséquence, le lieutenant Briois, de la 4ᵉ, et Cottreau, de la 7ᵉ, sont désignés pour se rendre l'après-midi au quartier général du général de La Mariouse, commandant la brigade, 118, route d'Orléans, à Montrouge, pour prendre l'emplacement du bataillon et reconnaître le terrain en dehors de la porte d'Orléans.

Briois enfourche une rosse haute sur pattes dont il est

depuis peu l'heureux possesseur et je l'accompagne modestement, assis dans un pacifique fiacre, d'où je contemple le cheval de mon collègue, qui exécute un tête à la queue à chaque rue que nous croisons. Nous trouvons notre lieutenant-colonel à la porte d'Orléans ; je plante là ma voiture et nous nous rendons au quartier général, placé à l'entrée du village la plus rapprochée de Paris. La musique du 35e, en cercle devant la porte, fait entendre d'agréables symphonies.

Le 35e de ligne avait sa musique, ainsi que le 42e. Ces deux régiments seuls existant à Paris de l'ancienne armée, avaient leurs sapeurs et portaient l'épaulette ; ces détails rehaussaient ces deux corps d'élite de l'infanterie de l'armée de Paris.

M. de La Mariouse, ancien colonel du 35e, est général depuis peu. Grand, sec, figure osseuse et cuivrée, nez mince et long, yeux expressifs ; il a l'allure énergique et l'aspect très militaire. Les officiers de son ancien régiment parlaient de lui avec le plus grand respect. « C'est un rude homme, nous disaient-ils, et il nous a tirés de plus d'un mauvais pas. »

Il mena habilement sa troupe dans la difficile retraite du corps Vinoy, ainsi que dans les premières affaires sous Paris.

Le 35e et le 42e furent héroïques pendant le siège et la Commune ; leurs pertes furent énormes, mais l'esprit de corps et les cadres étaient si bons, que les pâles et chétifs conscrits, tous enfants de Paris, qu'exerçait le 35ᵉ au commencement de novembre, pour remplacer les 500 hommes qu'il avait déjà perdus, marchèrent, quoique bien jeunes, du même pas et avec le même calme que leurs anciens. Oh ! les braves régiments !

Mais j'oublie que nous sommes chez le général, auquel le lieutenant-colonel Rincheval nous présente et qui nous accueille avec bienveillance. Bientôt arrivent le commandant, l'adjudant-major et un lieutenant du 1ᵉʳ bataillon. Personne du 3ᵉ bataillon ne s'étant présenté, on décide d'opérer sans plus attendre. Le général, le lieutenant-colonel et les autres officiers, y compris Briois, qui fait fonctions d'adjudant-major, partent pour reconnaître les emplacements des avant-postes. Quant au lieutenant du 1ᵉʳ bataillon, on le désigne, ainsi que votre serviteur, pour être conduits par un planton à l'emplacement de nos bataillons respectifs.

Malheureusement, au lieu du planton de la mobile du Finistère que nous devons relever, on nous donne celui de la mobile du Puy-de-Dôme, lequel nous mème jusqu'à Arcueil, où nous tombons chez le commandant du Puy-de-Dôme qui, ne devant pas être relevé, n'y comprend rien. Enfin, on s'explique, nous retournons à Montrouge, où se trouve, nous dit-on, le cantonnement du Finistère. Au quartier général, nous réclamons en vain le planton du Finistère, à un très jeune lieutenant d'état-major, à qui nous expliquons l'erreur et qui nous envoie promener en termes très peu polis. Nous faisons demi-tour par principes et explorons le village de Montrouge, interrogeant en vain les mobiles que nous rencontrons et qui, tous Bretons, ne savent pas un mot de français. Les sous-officiers l'écorchent quelque peu, mais aucun ne peut répondre à cette question : Où logent votre commandant, vos officiers ? Mon collègue, vexé, veut tout lâcher et rentrer à Paris ; je l'encourage, et enfin nous rencontrons un adjudant du Finistère, parlant bien français et qui a écrits sur son carnet tous les renseignements dont nous avons besoin. Mon collègue prend en note ceux qui le concernent et j'achève ensuite lestement ma petite besogne.

Le 2ᵉ bataillon de Seine-et-Oise prend la place du 4ᵉ du Finistère. Nous allons occuper les maisons numéros 20 à 29 de la rue de l'église, dans Montrouge. Le colonel est logé au 26, notre chef de bataillon au 29. La partie de la rue où nous devons cantonner, est la plus éloignée de Paris du côté de Bagneux, derrière le fort de Montrouge.

Je me hâte de rentrer dans Paris avant la fermeture des portes et vais rendre compte au lieutenant-colonel déjà rentré chez lui et qui était étonné de ne pas nous avoir revus.

Demain, je partirai en avant-garde avec les fourriers, à 8 heures et demie du matin.

Je dépose donc mon modeste bagage dès le matin au petit dépôt où les voitures du bataillon viendront chercher nos sacs et valises et à l'heure dite, nous partons, Graux et moi avec les fourriers, et un homme par compagnie.

Plusieurs fourriers me demandent en route à acheter du pain ; j'ai la faiblesse d'y consentir et ils en profitent pour disparaître. A l'entrée du village de Montrouge, nous rallions deux hommes du 1er bataillon qui ne savent où aller. Je leur donne les indications nécessaires ainsi qu'à ceux qui m'ont suivi, puis je vais frapper à la porte du chef de bataillon du Finistère que nous allons relever. Je le trouve attablé avec plusieurs de ses officiers, devant un appétissant ragoût de mouton avec légumes variés, qui a fort bonne odeur. Il m'invite gracieusement à en prendre ma part. J'accepte sans cérémonie demandant la même faveur pour Graux que je cherche en vain. Nous humions le café et je m'oubliais un peu dans ces délices de Capoue lorsque le lieutenant-colonel Rincheval apparaît dans la cour monté sur le lourd destrier qui lui sert de cheval d'armes. C'est le régiment qui arrive.

Je mène le colonel à son logement tandis que le Finistère s'ébranle joyeusement pour rentrer dans Paris. Les hommes de ce corps ont des capotes gris clair déjà fort sales ; il en est qui ont l'air de vrais sauvages. Déjà nos compagnies s'installent. Il fait un temps splendide.

Notre compagnie (7e) occupe avec la 8e un vaste bâtiment.

On consent à ouvrir aux officiers de la 7e un appartement au premier étage, qui n'a pas encore servi aux logements militaires. Il est entièrement démeublé, mais propre.

Nous avons antichambre, cuisine, salle à manger avec poêle, deux chambres à coucher avec cheminées, et un cabinet pour pendre nos habits. Nous serons donc fort bien. De nos fenêtres, nous voyons le fort de Montrouge, Bagneux et les hauteurs de Châtillon. Nos sous-officiers ont leur logement particulier au rez-de-chaussée et nos soldats se gîtent par chambrées dans deux corps de logis.

Une bonne femme, gardienne ou propriétaire de la maison, nous fait apporter par nos brosseurs un mobilier sommaire, consistant en quelques chaises, une table, trois sommiers élastiques et un lit de fer. Une terrine nous servira de cuvette, enfin, on trouve dans la cuisine quelques pots ébréchés qui feront encore bon usage pour notre popote.

Mais quelle saleté dans les locaux occupés par les officiers et les Mobiles du Finistère, et qui sont dévolus maintenant à nos sous-officiers et soldats! Ces bons bretons auraient pu lutter avantageusement pour le prix de crasse, immondices et puanteur avec les Allemands, pourtant d'une jolie force sur la malpropreté. Les logements des officiers sont bondés d'ordures et d'excréments, ceux des soldats sont immondes et la vermine s'y ébat abondamment avec variétés de taille et d'espèces. De petits jardinets qui se trouvent devant nos logements et dans chacun desquels est un water-closet, sont tellement malpropres qu'on ne peut y poser le pied. Les water-closets d'ailleurs, sont intacts, les bretons les considérant comme superflus et n'en comprenant pas l'usage.

Mon capitaine, grand ami de la propreté, s'indigne à juste titre et dirige aussitôt un nettoyage en grand. Il eut fallu des tombereaux pour enlever tout ce qu'on entasse dehors en râclant et balayant les planchers des chambres et des escaliers.

Pendant ce nettoyage laborieux qui occupe notre monde tout l'après-midi, je m'enquiers des ressources alimentaires locales. Elles sont médiocres. La population a presque entièrement disparu. Il ne reste plus d'ouvertes que quelques boutiques d'épiciers et d'assez nombreux marchands de vin. Je trouve dans une épicerie quelques pommes de terre à un prix fort élevé, dans une autre qui occupe le rez-de-chaussée d'un des bâtiments où nous logeons, je découvre des balais, des confitures, de la bougie, et je rentre triomphalement avec ces modestes emplettes.

Nos ordonnances, pour la première fois, nous apprêtent à dîner, ce qui demande le concours de nos trois brosseurs qui se transforment en Vatels et après un repas, passable en somme, nous installons notre couchage.

Nous portons nos trois sommiers dans une même chambre qui devient ainsi la pièce principale de notre habitation.

Le lit de fer est réservé au capitaine et placé au centre,

la tête au mur, nos deux sommiers orientés de même sont placés à la droite et à la gauche.

Nous faisons rentrer les armes restées en faisceaux toute la journée devant nos logements, le bataillon étant de piquet. Nos hommes vont s'allonger sur le plancher, tout habillés, avec leur demi couverture pour tout couchage. Ils ne se déshabilleront plus pendant des mois et ont ainsi dormi déjà tout le mois d'octobre. Du reste, sur nos sommiers dont les spirales peu tendres font de la musique au moindre mouvement, nous ne pouvons guère ôter que nos bottes et lâcher la ceinture du pantalon. Le froid, le plus souvent nous interdit de nous dévêtir davantage.

Le 7, nous prenons la garde aux avant-postes. Il faut être prêts à partir à 5 heures du matin. A 4 h. 1/2, réveil à la muette, toutes les sonneries étant avec raison supprimées en raison de la proximité de l'ennemi.

A partir de ce moment, jusqu'à la fin du siège, sauf à Pantin, tout le service se fit ainsi et les clairons ne sonnèrent qu'au défilé à l'école de régiment.

Je me réveille la tête moulue par la fermeture en fer d'un sac de voyage avec lequel je m'étais improvisé un oreiller.

A 5 heures, nous descendons dans la cour en appelant nos hommes. Ceux-ci, encore à demi somnolents n'en finissent pas de boucler leurs sacs.

La 7ᵉ compagnie n'a encore qu'une dizaine d'hommes en rang quand les autres compagnies ont déjà fini l'appel et se mettent en marche. Ce retard ne se renouvellera plus. M. Rincheval nous tance, enfin, nous sommes au complet et l'oreille basse, nous filons à une allure des plus rapides, pour rattraper le bataillon. Nos brancardiers, en retard aussi, courent avec leurs civières sur l'épaule, le long de nos rangs.

Nous rencontrons des postes silencieux, sous les armes, attendant qu'on les relève. Nous rejoignons le bataillon derrière le fort de Montrouge. Notre colonne prend la route d'Orléans. Nous traversons une première barricade gardée par la ligne, près de l'extrémité du village, du côté de l'ennemi. Il y eut la, pendant une partie du mois de Novembre un poste du 35e régiment. C'est la barricade de la Grange Ory, vaste tannerie qui s'étend à droite de la route d'Orléans, en tournant le dos à Paris. Nous détachons une compagnie à la tannerie.

Quelques pas plus loin, autre barricade, c'est celle de la maison percée, agglomération de bâtiments placés à gauche de la route. On pénètre dans ces maisons par un trou pratiqué dans un mur de côté; portes, fenêtre, cour tout est barricadé.

Une autre compagnie reste là. Une compagnie est restée en réserve à notre cantonnement de Montrouge, une compagnie est envoyée de garde au lieu dit : parc de Montrouge, pans de murs ruinés près du village, en avant et à droite du fort, sur le chemin de Montrouge à Bagneux. Nous n'avons donc plus que quatre compagnies à placer.

A moins de cinp cents mètres en avant de la maison percée, notre colonne fait halte. Nous voici à la première ligne d'avant-postes.

Une barricade barre complètement la route d'Orléans en avant d'un chemin transversal carrossable, qui va de Bagneux à Cachan.

En arrière et bordant ce chemin par son flanc, s'élève à droite et en façade sur la route d'Orléans une maison à deux étages avec cour, écurie, hangar, le tout enclos de murs. C'est la maison Pichon ou Plichon.

A gauche, à la hauteur de la barricade, en avant du chemin transversal et le bordant, nous voyons au jour naissant une suite de bâtiments n'ayant qu'un rez-de-chaussée et enclos de murailles basses et très délabrées. C'est la maison Millaud.

Plus à gauche et en avant, sont des terrassements neufs et inachevés, devant servir d'épaulements pour l'artillerie. Ce sont tous ces postes que vont occuper les quatre compagnies encore disponibles du 2e bataillon, qui y relèvent un égal nombre de compagnies du 1er bataillon. La 7e va à la maison Pichon, en soutien, la 4e à la maison Millaud, la 5e à la batterie en terre, dont je viens de parler et que nous connûmes sous le nom de batterie de gauche ou de Cachan, enfin, la 1re occupe la batterie de droite, ouvrage en terre en voie de construction, sur la route de Bagneux à Cachan, qu'elle barre à droite de la barricade de la route d'Orléans sur le côté de la maison Pichon. On nous dit qu'il y aura là un épaulement pour mitrailleuses.

Nos camarades du 1ᵉʳ bataillon nous montrent en face de notre barricade sur la route d'Orléans une masse à la silhouette encore indécise, car le jour commence à peine.

C'est la première barricade prussienne plantée en face de la nôtre à quelques centaines de mètres et à cheval également sur la route qu'elle intercepte. Nous voici donc aux limites actuelles de la France et encore foulons-nous un terrain reconquis, car, il y a quelques semaines, les Prussiens étaient maîtres des maisons Pichon et Millaud et envoyaient leurs patrouilles jusque dans la tannerie de la Grange Ory.

On éprouve une singulière impression en voyant nos frontières si restreintes. Tant que nous étions dans Paris, on pouvait ne pas se douter que l'ennemi fût si proche, mais le tas de pavés jeté par les Allemands en travers de la route nous rappelle brutalement à la réalité.

Quand le jour venu éclaire complètement le terrain, le contraste entre nos positions et celles de l'ennemi est encore plus pénible. Outre que, maîtres du plateau de Chatillon, il nous domine complètement, au point que de ce côté, rien, ne fût-ce qu'un chien, ne peut sortir de Paris sans qu'il le voie, le terrain occupé par l'ennemi paré de ses arbres et de sa verdure, pittoresque et mouvementé, couvert de cultures qui ne paraissent pas ravagées semble une terre promise à côté de ce qui nous entoure.

Notre horizon immédiat se compose des pavés de la route, de masures lépreuses et effondrées, de murs déchiquetés, pas un brin d'herbe mais la terre jaunâtre des travaux de défense, et des tranchées et des champs nus et piétinés depuis des mois.

L'œil n'est distrait que par le va et vient des sentinelles, les passages des corvées et les installations de cuisines en plein vent pour lesquelles nos hommes ne se montrent pas trop gauches. La grande distraction consiste à contempler les terrassiers civils occupés à la construction de la batterie de droite. Ils sont fort nombreux mais travaillent avec une mollesse remarquable. Nous visitons du haut en bas notre corps de garde, la maison Pichon. Au rez-de-chaussée nos hommes cuisinent. Il n'y a plus de menuiserie aux portes, ni aux fenêtres, plus de carrelage; des obus ont troué tous les murs. Excepté sur la cour, les fenêtres sont bouchées avec des pavés, espacés dans le haut pour former meurtrières.

Il en est de même à tous les étages. Nous élisons domicile au premier dans une chambre sur la cour. Les murs, comme ailleurs ont des trous d'obus mais, par miracle, la fenêtre conserve une ou deux vitres. La porte a disparu mais le plancher est encore en partie carrelé et la cheminée est intacte.

D'innombrables dessins et des inscriptions au charbon illustrent les murs. Il y en a qui datent de l'occupation allemande et beaucoup de françaises. A côté de l'inévitable

Bismarck, on voit force gaudrioles et des croquis dont la licence eût bien contristé ce bon M. Berenger dont on ne parlait pas encore dans ce temps là, puis des défis à l'ennemi et les noms des guerriers qui nous ont précédés dans cet agréable séjour.

Etant en soutien, la compagnie a peu de factionnaires à fournir.

La cour de la maison Pichon a la forme d'un rectangle formé par des murs ou les pignons des dépendances.

Les sentinelles gardent cette enceinte et pour dominer les murs de clôture, on en a approché un lourd haquet à moellons sur lequel est constamment juché un des hommes de garde.

Sur la façade de la maison, route d'Orléans, une inscription peinte nous indique que c'était ici un dépôt de plâtre. Un loustic y a fait une rallonge plus ou moins spirituelle.

Au premier étage on lit en bandeau : commerce de vins ; l'ancien propriétaire parait avoir été un heureux cumulard.

La journée se passe fort paisiblement, bien différente de nos journées de garde aux portes de Paris, si bruyantes, si mouvementées, avec les gardes nationaux brochant sur le tout, oisifs, remuants et éméchés le soir.

Ici, on est devant l'ennemi, on se garde en silence.

Le soir, on double partout, on triple dans certains endroits les sentinelles avec ordre formel et réitéré de ne pas charger les armes d'avance et de ne tirer sous aucun prétexte, à moins que l'ennemi ne vienne à quinze mètres (ordre de la brigade).

Nous nous attendions à une alerte. Les Allemands fort au courant des mouvements et des relèves que nous faisions aux avant postes avaient voulu tâter le Finistère à son arrivée à Montrouge. Aussi pendant les cinq premières nuits qui suivirent la prise du service par nos prédécesseurs, il y eut constamment des coups de fusil tirés à tort et à travers, des alertes, les cantonnements en arrière forcés de rester debout ; enfin fatigue générale.

Les officiers du Finistère nous avaient avertis de l'agitation de leur début, et nous nous préparions à pareille aventure, aussi, cette première nuit, les officiers étaient sans cesse sur le qui-vive, surtout avec des hommes comme les nôtres qui se trouvaient pour la première fois en face de l'ennemi.

Rien ne bouge heureusement ; les Allemands nous laissent en repos, nos factionnaires chapitrés, surveillés de près se comportent bien ; d'ailleurs la nuit est claire ; une surprise serait difficile.

Le 8, à la pointe du jour, nous rentrons paisiblement dans Montrouge, après avoir été relevés par notre 3e bataillon (Pontoise) qui a enfin rejoint le régiment et qui ne nous quittera plus.

Nous nous félicitons tous de notre nuit de garde, si calme, j'allais dire si reposante à côté de nos nuits agitées aux secteurs où les patrouilles très grises et incohérentes de la garde nationale ne nous laissaient ni trêve ni répit. Nous ne regrettons pas d'être enfin délivrés des pantouflards.

Le 8, après midi, tir à la cible, le premier, le seul qui ait été exécuté pendant toute la campagne. Cela peut paraitre étrange mais il en fut ainsi et il n'est alloué que trois cartouches à balle par homme. Les cibles sont adossées aux premières maisons de Bagneux et le pas de tir est le parapet d'une tranchée en avant du fort de Montrouge.

Chaque compagnie s'y rend successivement à une heure réglée d'avance.

La tranchée où nous nous postons pour tirer est gardée par des mobiles du régiment et fait partie du terrain du poste dit : Parc de Montrouge. Elle est perpendiculaire au chemin qui va de Montrouge à Bagneux et interrompue au passage de ce chemin. Nous tirons sur les cibles placées à gauche de cette route et les fusiliers marins du fort de Montrouge sur celles placées à droite. Ceux-ci tirent admirablement. J'ai assisté depuis à bien des tirs ; j'ai vu rarement faire aussi bien, jamais mieux que ces fusiliers.

Hélas ! Quel contraste avec nos mobiles !

A part quelques braconniers, la presque totalité n'a jamais épaulé, jamais tiré un coup de fusil, aussi massacrent-ils beaucoup les champs de betteraves placés devant eux et atteignent-ils fort peu les cibles. Nous ne faisons tirer que deux hommes à la fois entre un officier et un sous-officier qui surveillent la charge, la mise à l'épaule.

Cette précaution évite bien des accidents car en maniant maladroitement leur arme, beaucoup d'hommes placés pour tirer derrière le parapet en terre y enfoncent par mégarde l'extrémité du canon et sont tout étonnés que nous les empêchions de tirer avec un canon plein de terre grasse.

Au moment où le tir commence, nous voyons déboucher du village de Bagneux une voiture de déménagement remplie qui vient tranquillement vers nous. On cesse aussitôt ; il était grand temps.

Pendant que nos hommes continuent à user leurs cartouches, le fort de Montrouge se met à envoyer des obus sur le haut de Bagneux constamment occupé par l'ennemi. C'est la première fois que nous entendons le *fssschht* strident et colère des obus qui passent au-dessus de nos têtes. Aussitôt, chacun s'aperçoit qu'il a dans le dos, au-dessus des reins, une charnière inconnue jusque là qui s'ouvre au passage de chaque projectile et projette tout le monde en avant dans un salut très respectueux. Toutes les têtes oscillent et s'inclinent. Ni raisonnements, ni honte de ce salut devant nombreux témoins ne peuvent au commencement empêcher ces inclinaisons.

Nous commençons à rester plus fermes à la fin de la séance et plus tard, bien acclimatés, nos hommes ne broncheront plus devant les projectiles tirés sur eux ou vers eux, alors que ceux qui nous émeuvent en ce moment sont parfaitement inoffensifs pour nous.

Nos trois cartouches brûlées, nous cédons la place à d'autres compagnies et rentrons au cantonnement nettoyer les armes. Ce qui est curieux, c'est que le tir fait venir aux balcons et aux fenêtres du haut de Bagneux des Prussiens qui, lorsqu'il fait beau, se paient ce spectacle et jugent les coups en amateurs.

Le 9, à l'appel du matin, lecture d'un ordre de la brigade enjoignant d'envoyer aujourd'hui même au quartier-général tous les hommes dans le cas d'être revaccinés.

Or, depuis le 12 septembre, la petite vérole n'avait cessé de sévir plus ou moins parmi nous. Il semble donc que la revaccination s'imposait avant le 9 novembre, il semble aussi que le bon sens des intéressés eût dû avoir le dessus sur leur répugnance à subir cette opération. Au contraire, la troupe manifeste la plus vive opposition. Nous plaisantons, raisonnons les hommes, les officiers déclarent qu'ils iront, eux aussi, se soumettre au vaccin, enfin la masse se décide, s'ébranle, et officiers en tête, se rend militairement au rendez-vous des disciples de Jenner. Cette soumission sauva certainement la vie à plusieurs.

Le 10, reprise de la garde aux avant-postes.

Nos compagnies sont ainsi réparties :

La 1re à la maison Millaud, la 2e à la maison Percée, où se tiennent le commandement et le docteur, la 3e à la batterie de gauche, la 4ᵉ en réserve au cantonnement, la 5ᵉ au Parc de Montrouge, la 6ᵉ à la Grange Ory, la 7ᵉ au poste de la Carrière, la 8ᵉ à la maison Pichon.

Cette fois, à cinq heures sonnant, nous sommes alignés et prêts à partir. La pluie nous prend au sortir de nos chambres et nous partons, les officiers capuchon rabattu, la troupe courbant la tête sous le sac. On patauge dans les chemins.

Quant aux tranchées, elles sont transformées en colle forte d'où l'on arrache ses jambes avec peine.

Notre poste de la Carrière est en avant de la maison Pichon. La compagnie qui l'occupe fournit quelques factionnaires à la grande barricade qui barre la route d'Orléans et à la batterie de mitrailleuses en construction à droite de cette route.

En avant de cette batterie, parallèlement à la route d'Orléans, se trouve un puits de carrière à moellons avec sa grande roue de bois à perchoirs. C'est en ce moment notre extrême avant-poste de ce côté, placé en avant et à droite de notre barricade de la route et tout près de la ligne du chemin de fer de Sceaux qui passe en tranchée avec tournant, presqu'en face. Ce puits a pour rempart d'épais blocs de pierre épars et frustes qui entourent le petit monticule sur lequel il s'élève. C'est derrière ce tas de pierre que s'abrite le poste. Un petit cheminement relie ce poste avancé à la batterie de mitrailleuses.

Le malheur, par la pluie incessante qui ne nous lâche

pas depuis ce matin, c'est qu'il n'y a rien pour se mettre à couvert sauf sous des taupinées adossées au mur extérieur de la maison Pichon, sortes de niches à lapins édifiées au moyen d'un assemblage hétéroclite de boue, de briques et de morceaux de planches. Quinze hommes peuvent malaisément s'y entasser. Cependant pluie et neige fondue font rage.

Par ordre, contre nos fusils en faisceaux sont appuyés les sacs tout chargés avec le campement. C'est régulier et d'un joli effet quand il fait beau, mais aujourd'hui, les crosses des fusils enfoncent à moitié dans la terre détrempée. Les sacs s'y incrustent aussi ; toiles de tente et couvertures ruissellent d'eau. Nous finissons par nous emparer d'un hangar inoccupé dans la cour de la maison Pichon ; fusils et sacs y sont portés, on y installe les hommes et leur cuisine, enfin, à la relève des factionnaires, ceux-ci après leur tour de faction peuvent être un peu au sec. Ils sont à tordre. Nos capotes pèsent comme des chappes de plomb ; nos mobiles qui pour la plupart chaussent le soulier sur le pied nu et qui n'ont que des guêtres de toile ont leurs chaussures traversées et retraversées.

L'État comptant sur un printemps perpétuel ne nous avait distribué que des guêtres de toile ; le Conseil d'administration, plus soucieux des saisons, avait songé à s'en procurer en cuir aux frais de la masse générale d'entretien mais on n'en put trouver qu'un lot de rebut, refusé par le gouvernement italien ainsi qu'en témoignaient les estampilles apposées sur les paquets qui renfermaient cette médiocre marchandise. On ne s'était même pas donné la peine de faire disparaître ces étiquettes sûrs qu'étaient les mercantis qui vendaient ces rossignols militaires, que faute de mieux, on s'en contenterait.

Le cuir était mauvais, se déchirant dès les premiers essais, les lacets ne valaient rien; d'autre part, les hommes vite rebutés ne se donnaient aucune peine pour graisser ces cuirs qui, très entretenus, auraient pu durer un peu; le résultat fut qu'au bout de peu de temps, ces guêtres avaient vécu, bien peu les conservèrent et la plupart, nu-pieds dans leurs godillots, firent toute la campagne en guêtres de toile; quelques-uns avaient des bottes portées par presque tous les sous-officiers et par tous les officiers.

Il y en avait de jaunes, de noires, de longues, de courtes, des jambières de chasse; l'autorité fermait les yeux et avec raison; il fallait avant tout être chaussé et heureux qui l'était solidement, avec le service que nous faisions.

La pluie nous tient fidèle compagnie tout le jour et la nuit suivante.

La 1re compagnie qui est à la maison Millaud avec de nombreux factionnaires à fournir n'est guère mieux que la 7e; la 3e à la batterie de gauche n'a pas le plus petit abri. Nous prenons nos repas à la maison Pichon avec les officiers de la 8e et nous passons la journée avec eux, fumant, pataugeant et bavardant.

A la chute du jour, François, sous-lieutenant, est détaché avec trente hommes à la Carrière. Je lui fais visite en glissant et culbutant dans les fondrières qui l'entourent. Nous le trouvons s'improvisant un abri avec une toile de tente étalée sur le dessus de deux pierres entre lesquelles il se blottit. Les hommes se mussent aussi où ils peuvent et entretiennent quelques braises masquées par des toiles et des couvertures du côté de l'ennemi.

Nous étions rentrés depuis longtemps, le capitaine et moi, à la maison Pichon, lorsqu'un coup de feu retentit entre nous et la Carrière. Nous nous précipitons, mais je demeure englué dans un sentier vaseux et en pente que je m'efforce en vain de gravir lorsque le capitaine reparaît.

Ce n'est qu'une fausse alerte. La nuit est noire comme du cirage. Un des factionnaires entre la Carrière et la batterie a cru voir un Prussien. Il appelle à voix basse la sentinelle la plus voisine.

Les deux hommes regardent, doutent, et l'un d'eux va chercher François qui arrive, examine, et finalement fait tirer un coup de fusil. On se précipite. Le Prussien se résout en un petit buisson haut à peine de cinquante centimètres que le vent faisait remuer avec l'apparence d'un homme rampant sur le sol.

Oh! la longue nuit! A minuit, nous croyions qu'il était au moins quatre heures du matin, mais nos montres exactes et consciencieuses nous ramenèrent à la réalité,

Quelques-uns dorment sur des débris de chaises ou par terre ; MM. de Seraincourt, Laffon et moi, fumons comme des locomotives pour nous tenir éveillés.

Enfin arrive l'heure bénie où nous devons être relevés. Nous nous hâtons de céder la place au 3ᵉ bataillon et nous courons gagner le logis sous la pluie toujours battante.

Toute la journée du 11 n'est pas de trop pour nous sécher et nettoyer un peu.

Le rapport du jour donne les dispositions à prendre pour les alertes. Le bataillon de piquet, celui qui va prendre la garde le lendemain, prend les armes au premier signal et si l'alerte est vive, se porte derrière le fort de Montrouge et attend là de nouveaux ordres. Le bataillon qui a descendu la garde le matin prend les armes et se range dans les rues de Montronge devant ses cantonnements pour y attendre les ordres.

Le 12, le bataillon est de piquet. Rien de nouveau.

Le 13, garde. Départ à 5 h. 20 du matin.

La 5ᵉ compagnie reste en réserve à Montrouge.

La 1ʳᵉ va à la maison Pichon, la 2ᵉ à la maison Millaud, la 3ᵉ à la maison Percée, la 4ᵉ à la batterie de gauche, la 6ᵉ au parc de Montrouge, la 7ᵉ à la Grange Ory, la 8ᵉ à la Carrière.

Cette fois, temps splendide. Un soleil éclatant paraît bientôt et dessine nettement tous les objets. En voyant devant nous la campagne éclairée et souriante, on ne pense guère que des hommos sont là pour s'y entre tuer.

La tannerie de la Grange Ory prête encore à l'illusion. Ayant des commandes de l'Etat, elle a repris le travail, sa machine à vapeur marche et ses cuves à tan sont combles. Ces récipients s'ouvrant au niveau du sol, on risque fort d'y culbuter lorsqu'on pénètre là au petit jour. Les ouvriers nous racontent qu'il y a quelques jours un officier s'y est enfoncé jusqu'au col. Il y a un autre passage difficile pour aller aux tranchées derrière l'usine. On y pénètre par un unique trou ouvert dans le mur en passant au-dessus d'une grande cuve par le plan incliné d'une étroite planche branlante. Les plus prudents ne s'y aventurent qu'à quatre pattes. Cette tannerie occupe un terrain considérable divisé en plusieurs enclos avec une très jolie pelouse au milieu entre la route et les bâtiments d'exploitation derrière lesquels nos factionnaires garnissent des tranchées et un mur assez long. Une carrière peu éloignée sert aussi de ce côté de poste avancé et est également occupée par la Compagnie. A gauche nous nous relions aux tranchées gardées par le poste de la Maison Percée, à droite nous donnons la main au 35e de ligne qui garde la moitié du mur derrière l'usine dont nous occupons l'autre moitié. Les tranchées de ce côté se prolongent devant le fort de Montrouge jusqu'à l'endroit où nous tirions à la cible l'autre jour. La tannerie de la Grange Ory fut pendant la Commune le théâtre d'un combat assez vif entre notre infanterie et les Communards qui y perdirent une centaine d'hommes. Le propriétaire de l'usine ayant disparu mystérieusement, celle-ci, depuis 1871, resta fermée et en ruine.

Moblots et lignards se sont improvisé des abris et appentis divers appuyés au mur que nous gardons en commun.

Les officiers de la 7e s'installent dans un charmant kiosque tout entouré de vigne vierge, de lierre et d'arbustes qui s'élève au centre de la grande pelouse dont j'ai parlé.

L'après-midi nous allons faire visite à nos camarades de la ligne, installés dans un petit réduit en planches au milieu de leurs hommes. Nous trouvons-là un lieutenant et un sous-lieutenant qui nous reçoivent très cordialement.

L'un de ces messieurs était sergent-major à la retraite de Mézières, l'autre, ancien sous-officier, a été rappelé et a eu les épaulettes trois mois après. Leur chef de bataillon, longtemps instructeur à Saint-Cyr et homme fort distingué de tournure et de manières, arrive en tournée d'inspection de ses postes ; la conversation, fort amicale, se prolonge avec cet officier. On nous prévient qu'un général a été vu dans nos parages, mais il passe sur la route sans s'arrêter et nous reprenons notre causerie. A dîner, paraissent quelques pommes de terre, rareté déjà, trouvées à grand peine et payées fort cher.

En terminant notre très simple repas, à sept heures et

demie du soir, quelques coups de feu isolés, puis un feu de peloton qui déchire de la toile à notre gauche. Le capitaine était déjà auprès des hommes. Je cours le rejoindre. Tout le monde est à son poste, immobile, l'œil au guet. Nous recommandons le silence, défense absolue de charger les armes sans ordre. Les coups de feu ont cessé. Je me coule dans la tranchée de gauche où Bataille, de la 3ᵉ, me dit que quelques Allemands sortis de la tranchée du chemin de fer de Sceaux sont venus rôder autour de la carrière occupée par une section de la 8ᵉ ; de là les coups de fusil. Cinq minutes après la fusillade, un bataillon de ligne arrivait au pas de course par la route d'Orléans pour nous renforcer. Tout ayant cessé et les Allemands s'étant éclipsés, ce bataillon fait demi-tour et rentre.

J'étais encore à causer avec Bataille lorsque nous entendons un coup de feu isolé, mais sourd, comme étouffé. Un déplorable accident vient d'avoir lieu. Un des hommes de la 8ᵉ à la carrière n'a pas, malgré les ordres donnés, déchargé son fusil après l'alerte ; il oublie que la cartouche est restée dans le canon, et en jouant imprudemment avec un camarade qu'il vise à bout portant, il presse la détente et le tue net.

Le tué est le garde Dechaumont (Aristide), marié et fort bon sujet, paraît-il. On porta son corps aux Dominicains d'Arcueil pour l'ensevelir ; ils dirent que c'était le septième qu'on leur apportait, tué par suite d'imprudence.

Le 14, rien de nouveau. On complète les cartouches, toujours à raison de 90 par homme.

Le 15, le bataillon est de piquet. On fait une heure d'exercice à la villa d'Orléans, après l'appel de midi.

Le 16, garde. La 6e compagnie reste à Montrouge. La 1re va à la carrière, la 2e Maison Pichon, la 3e Maison Millaud, la 4e Maison Percée, la 5e batterie de gauche ou de Cachan, 7e parc de Montrouge, 8e Grange Ory.

Le parc de Montrouge, fort belle propriété, paraît-il autrefois, a été dépecé et vendu depuis longtemps pour bâtir. Il n'en reste plus qu'un vieux pan de mur et un bout de terrain vague et boueux où se tient notre poste à droite et un peu en arrière du fort de Montrouge. Les tranchées que nous gardons, notamment celle de la cible, sont à quelque distance de cet emplacement, qui touche presque aux maisons de Montrouge.

Il y a du mouvement près de nous. Des marins mènent paître des bœufs étiques sur les glacis du fort ; près de là, en vue de l'ennemi, des laboureurs conduisent la charrue et creusent des sillons comme en pleine paix. La proximité du village de Montrouge donne lieu au va et vient de nombreux passants, badauds et mobiles désœuvrés. Le temps est doux ; la boue profonde.

Nos hommes sont dans des cahutes en bois et en terre ; les officiers dans une petite serre à outils de jardinier pourvue d'une porte et d'une fenêtre fort endommagée que MM. Laffon et François, en y consacrant leur journée, remettent dans un état très satisfaisant. La nuit est calme et sans incidents. Notre seule émotion a été une alerte que j'appellerai intime et qui a eu lieu peu de temps après notre prise de possession du poste. A peine arrivés, nos hommes, excités par le voisinage de Bagneux, supplient qu'on les laisse aller aux légumes dans le village.

Les Prussiens occupaient le haut d'une façon permanente, nous n'avions aucun poste dans le bas, partie cependant comme enclavée dans nos lignes. Aussi était-il tacitement admis que le bas du village était français et les Prussiens s'y avanturaient peu ; il n'y avait d'ailleurs rien à faire dans cette zone où tout avait été enlevé depuis longtemps. Le haut était allemand, mais le centre, le milieu de la localité, constituait une sorte de terrain neutre exploré et exploité furtivement par les deux partis et présentant encore des ressources. Prussiens et Français se rencontrèrent plus d'une fois nez à nez dans ces jardins, ces maisons, aboutissant à des ruelles avec des murs partout. Il est sans exemple que des voies de fait aient suivi ces rencontres parfois de jour, mais le plus souvent de nuit. Chacun détalait de son côté en lâchant ou conservant son butin et regagnait ses lignes respectives.

Le capitaine Laffon cède aux supplications qui lui sont faites et consent à condition qu'une corvée partira sans armes, commandée par un sous-officier sûr à qui la prudence est ordonnée et que son absence sera de courte durée. Nos ramasseurs de légumes laissent là sacs et fusils et une demi-heure s'était écoulée depuis leur départ lorsqu'arrive le lieutenant-colonel Rincheval. Etant en campagne, nous ne rendons pas les honneurs, mais la compagnie se forme sur deux rangs et le lieutenant-colonel en passe l'inspection. Le premier rang vu, notre chef passe derrière le deuxième et voit les fusils et les sacs des absents abandonnés à quelques pas de là. « Qu'est-ce, demanda-t-il ? » La réponse fut que les absents étaient rentrés dans Montrouge pour y faire la soupe de la compagnie. Vu notre proximité du village on pouvait y croire ; le lieutenant-colonel s'en contente, mais que serions-nous devenus si notre corvée était rentrée de Bagneux au même moment ? Enfin le colonel s'éloigne et la chance veut que les absents, pliant sous le poids des légumes qu'ils apportent, n'arrivent que cinq minutes après.

Le 17, appel à deux heures après-midi seulement afin que la troupe puisse s'y présenter absolument propre.

Le 18, le sous-lieutenant Fourmentin, détaché momentanément à la 4ᵉ compagnie, rentre dans la sienne.

Le cadre d'officiers de la 4ᵉ a été un moment tout disloqué. Son capitaine, Montagnac, nommé adjudant-major, n'y fait plus de service ; le lieutenant Graux, nommé payeur, est hors cadres. De Boury, sergent, passe sous-lieutenant à cette compagnie.

Le 19, service de garde. C'est au tour de la 7ᵉ de rester tranquillement à Montrouge pendant que les camarades triment. Nous jouissons en bons rentiers de cet avantage sans demeurer pourtant absolument oisifs. On astique, on nettoye à fond notre casernement. Nous lavons à grande eau une partie de la rue de l'Eglise, à la grande satisfaction du colonel.

Pendant ce temps, la 1re compagnie est à la Grange Ory, la 2e à la carrière, la 3e à la Maison Pichon, la 4e à la Maison Millaud, la 5e à la Maison Percée, la 6e à la batterie de gauche, la 8e au parc de Montrouge.

Dans la journée, tandis que la voiture du cantinier stationne devant la Maison Percée, entourée de quelques hommes faisant leurs achats, une balle de fusil de rempart prussien vient s'enfoncer dans le mur à un mètre au-dessus de la voiture. Le cantinter tourne bride avec rapidité, ses clients rentrent par le trou qui sert d'unique issue dans l'intérieur de la maison. Une fois le calme rétabli, le capitaine Bischoff arrache le projectile de la muraille où il s'est enfoncé. Il est en plomb et a la forme d'un double œuf très allongé avec étranglement au centre.

Depuis quelques jours, les ennemis essayaient des fusils de rempart, je crois que c'est cette fois-ci qu'ils arrivèrent le plus près du but. On entendit plusieurs fois leurs balles mais je n'ai jamais eu connaissance que personne ait été atteint.

Dans la nuit du 19 au 20, la 4e compagnie avait détaché de la Maison Millaud le sergent Billon et quelques hommes à un poste d'observation appelé la maison Brûlée. Cette maisonnette est située à gauche et sur le bord de la route d'Orléans, à l'endroit où la ligne de Sceaux passe sous cette route. Le garde Bouillette était en faction auprès du poste, sur la route même, lorsqu'il aperçut quelques ennemis rôdant dans l'ombre. Il fait feu sur eux sans penser à s'abriter d'abord derrière un des gros arbres qui bordent la route. L'ennemi jugeant de la position du tireur par la lueur du coup de feu riposte immédiatement et le pauvre Bouillette tombe pour ne plus se relever. Les hommes du sergent Billon, peu rassurés par cette fusillade, n'osaient sortir pour s'assurer du sort de leur camarade ; aucun ne veut s'aventurer sur la route, ce sous-officier y va seul, ramasse Bouillette que ses camarades viennent enfin l'aider à rapporter. Il râlait encore et expire entre leurs bras.

Il est regrettable que la conduite du sergent n'ait pas été mise à l'ordre et récompensée. Avec d'aussi jeunes troupes que les nôtres il eut été bon d'entourer de quelque éclat l'attitude d'un sous-officier ayant fait preuve d'énergie et montré qu'il comprenait pleinement son devoir.

C'était la seconde fois que la 4e compagnie perdait un des siens par le feu. Au mois d'octobre, un garde étant allé imprudemment faire une reconnaissance en amateur, reçut une balle en pleine poitrine et mourut trois semaines plus tard à l'ambulance du Palais des Tuileries, d'une hémorragie interne. Je préfère ne pas insister sur cet épisode. Cet homme étant de garde était parti en promenade avec un sous-officier encore plus coupable que lui, qui ne fut ni cassé ni inquièté... et qui reçut peu après de l'avancement. Le dimanche 20 novembre, repos complet. Le soir, nous allons fumer notre pipe chez l'épicière qui logeait au rez-de-chaussée d'un des corps de logis de notre casernement. Nous y avions installé une sorte de cercle dans son arrière-boutique et on s'y réunissait souvent pour prendre le vermouth. L'épicière, veuve d'un militaire avait auprès d'elle sa nièce Delphine, jeune personne fort avenante mais très réservée dont nous étions à peu près tous les très platoniques amoureux. Ces deux femmes tenaient proprement leur petite cambuse, réservée aux officiers. Ce soir là, de pipes en causeries, notre veillée débauche inouie, s'était prolongée jusqu'à onze heures et demie du soir, alors que généralement, peu après huit heures, tout était éteint et on n'entendait plus que le déclic des spirales de nos sommiers sur lesquels nous dormions à poings fermés. Aussi, à peine rentrès, nous voilà plongés dans un profond sommeil. Nous y allions de si bon cœur que le tonnerre ne nous eût pas réveillés. A deux heures un quart du matin, un de nos brosseurs entre tout effaré avec un tel vacarme, que tous trois nous nous réveillons en sursaut et que nos oreilles perçoivent en même temps un tel sabbat que levés d'un bond, nous nous précipitons aux fenêtres.

Une fusillade furieuse tellement bruyante qu'elle semble partir dans nos poches court tout le long de la ligne des avant-postes ponctuée de quelques coups de canon qui embrasent le ciel de leurs lueurs par intervalles. Nous nous jetons sur nos armes et courons rassembler nos hommes. Réveillés déjà par quelques camarades au sommeil plus léger, ils sont tous prêts et descendent rapidement dans la cour. Nous sortons dans la rue. Silence et obscurité. Sauf nous, tout le monde dort. Nous étions si bien habitués au canon du fort, le jour comme la nuit qu'il ne servait qu'à nous bercer.

Pendant que la compagnie s'aligne devant son logement, nous envoyons réveiller la 8me à côté de nous, la 1re et la 2me, en face. On court chez le colonel, chez le commandant, bientôt les fenêtres s'illuminent, on va réveiller le 1er bataillon qui doit prendre la garde à 5 heures du matin, notre commandant en passant devant notre compagnie, la seule prête à marcher nous complimente ; cependant le 1er bataillon prend les armes et file rapidement aux avant-postes. Le colonel prend avec lui notre sous-lieutenant François et va voir où en sont les choses. Nous attendons l'arme au pied. La fusillade continue toujours vivement à notre gauche, du côté d'Arcueil principalement ; les forts sont muets.

Enfin vers 3 heures du matin, tout s'apaise et on nous laisse rentrer et reprendre notre somme interrompu.

Tout ce vacarme fut entendu d'une partie de Paris. Mon père sortant de son cercle, rue Boissy d'Anglas, entre minuit et une heure du matin et traversant la place de la Concorde fut frappé du bruit énorme qu'il entendait et fort inquiet jusqu'aux premières nouvelles qu'il eut de moi. Il avait bien jugé que ce tintamarre venait de Montrouge.

A 6 heures du matin, je me réveille par hasard. Même tapage qu'à deux heures. Capitaine et sous-lieutenant dorment paisiblement. Un regard jeté par la fenêtre me montre que partout on en fait autant. Je me dis que cette fois si on a besoin de nous, on saura où nous prendre et je me rendors. A 7 h. 1/2. nous étions tous trois sur pied ; on n'entendait plus un seul coup de fusil. Un instant après, le commandant entre dans la cour, fait appeler aux armes. Les hommes descendent et ont ordre de former les faisceaux et de rester à côté, la giberne garnie et la musette au côté. Je raconte alors au capitaine ce que j'ai entendu une heure et demie auparavant et lui prédis que nous ne bougerons pas. Il se plaint de ce que je ne l'aie pas réveillé. Cependant le fort de Montrouge a ouvert le feu et canonne toute la matinée. Au bout de quelques heures, on laisse rentrer hommes et fusils. Nous apprenons alors qu'il y a eu beaucoup de bruit pour rien.

Des mobiles de la Vendée depuis peu aux avant-postes cantonnés partie à Arcueil, partie à Montrouge étant de garde cette nuit-là se sont mis martel en tête sans cause connue et ont tiré dans le vide avec un entrain que leur reproche vivement l'ordre de la brigade qui nous est lu à l'appel.

A ce propos, il est bon de dire que pendant tout le temps que nous passâmes à Montrouge, aucune tentative sérieuse de l'ennemi ne se produisit. Les Prussiens faisaient tirer de temps à autre leurs patrouilles sur nos positions, soit à la tombée de la nuit, soit avant le lever du jour.

Ces petites fusillades généralement à peu près inoffensives avaient pour but de tâter les troupes de garde de notre côté. Quand nous ne répondions pas, ou nous nous contentions de riposter par quelques coups de feu inoffensifs également car l'ennemi était déjà abrité, il voyait à qui il avait affaire et ne renouvelait plus ses petites chicanes. Très informé de ce qui se faisait chez nous, l'ennemi savait bien que la nuit dernière, il avait en face de lui des Vendéens tout neufs. En tirant une douzaine de coups de fusil, il avait réussi à provoquer de notre côté une fusillade aussi folle que prolongée avec le résultat de mettre sur pied les cantonnements de Montrouge, Arcueil et autres, les canonniers des forts et de priver cinq ou six mille hommes du repos strictement nécessaire auquel ils pouvaient prétendre.

Aussi on pouvait être sûr après cette réussite, que les Allemands recommenceraient les nuits suivantes jusqu'à ce qu'ils se soient trouvés plusieurs fois de suite devant des troupes dédaignant de leur répondre.

Au 60me régiment, les hommes étant constamment maintenus par leurs officiers, ne causèrent pas d'alertes inutiles et nous fûmes très tranquilles généralement à nos diverses gardes.

Le 21, à une heure après-midi, école de régiment pour les 2me et 3me bataillons derrière le fort de Montrouge. On exécute divers mouvements, on nous divise en trois bataillons fictifs, on déploie et on replie les tirailleurs, enfin on défile devant le lieutenant-colonel Rincheval aux accents cuivrés de la fanfare du 3me bataillon et des clairons réunis des deux bataillons. A deux clairons par compagnie, chaque bataillon en avait 16 plus un caporal clairon. Nous n'eûmes jamais de tambours.

La fanfare du 3me était composée d'une trentaine d'exécutants tous membres d'une société musicale de Pontoise dont la loi sur la garde mobile avait englobé à peu près l'ensemble. Ces jeunes gens jouaient très passablement et la musique était fort goûtée du régiment fier de la posséder, car sur 100000 Mobiles présents à Paris, il n'y avait que deux fanfares. Notre général de brigade la faisait jouer à son quartier-général où elle alternait avec les musiques de la ligne. Plus tard, les musiciens prirent le fusil et les instruments délaissés furent remisés au petit dépôt.

Après l'exercice, distribution de 4 jours de vivres de réserve.

Le 22, après-midi, théorie sur l'école des tirailleurs.

Le 23, nous reprenons le service aux avant-postes.

La 8me compagnie reste à Montrouge.

La 1re est de garde au Parc de Montrouge, la 2me à la

Grange Ory, la 3me à la Carrière, la 4me à la maison Pichon, la 5me à la maison Millaud, la 6me à la maison Percée, la 7me à la batterie de Cachan.

Nous relevons les Vendéens. Il fait une boue horrible et les nuits commencent à être vraiment froides. La batterie de gauche où nous allons à ses terrassements et embrasures terminés ; on y construit même une sorte de casemate abri pour la troupe. Nous jouissons, comme officiers d'un petit réduit dans un coin des gabionnades avec toit en zinc, cheminée de terre et plusieurs chaises de paille.

Je suis détaché avec ma section sur la voie même de la ligne de Sceaux, à cet endroit, de niveau avec le sol. A notre gauche, le terrain descend en pente jusqu'à la Bièvre et remonte sur l'autre rive. On a une fort belle vue. Nous apercevons les Hautes-Bruyères, Cachan, L'Hay, etc.

L'ennemi peut suivre tous nos mouvements au fond de ses tranchées car notre unique rempart est une faible haie qui borde la ligne du chemin de fer et qui nous sépare de lui. Derrière cette haie, garde montante et garde descendante stationnent et se relèvent comme en pleine paix. L'ennemi y met plus de précaution et de mystère mais ses malices nous sont connues. Ainsi sur la route d'Orléans, le long des arbres qui la bordent, l'ennemi a pratiqué un trou où deux de ses hommes se tiennent en observation. Chaque matin, au petit jour, il déploie quelques tirailleurs qui dépassent le trou où leurs deux camarades s'installent et se retirent ensuite. Le soir, même manœuvre pour les emmener. Ils doivent bien s'ennuyer dans leur trou et se trompent fort s'ils s'y croient invisibles car de notre côté nous les voyons parfaitement et tout le monde aux avant-postes connaît l'emplacement de ces sentinelles avancées.

Mais revenons à notre position.

En arrière de nous et aboutissant à la ligne de Sceaux des lignes de tranchées allant jusqu'à Cachan sont gardées par nos troupes.

Sur la voie même, deux tanières creusées dans le sol nous offrent un abri bien clos et vraiment confortable. Ces taupinières sont en terres battues ; on y descend par plusieurs marches. Le toit en pente émerge au-dessus du niveau du ballast. Il est formé d'un assemblage bizarre mais bien joint de planches, persiennes, chassis de couche vitrés, terres et branchages. Dans le terrier du chef de poste, dont je prends possession, une vieille bergère jaune en velours d'Utrecht sans coussin mais moëlleuse tout de même nous tend les bras ; on y voit de plus un lit de fer et des bancs de bois et de terre. La tanière de la troupe moins meublée est un peu plus petite. Tous n'y peuvent trouver place et ceux qui sont en trop dressent leurs tentes-abris sur la voie.

Au jour naissant, nous avons pour spectacle la relève des Prussiens dans les tranchées qui nous font face. Ils y procèdent avec leur prudence habituelle sans bruit et au pas de course, homme par homme, les relevés se mettent à courir individuellement vers la queue de la tranchée au fur et à mesure que les relevants y entrent à la même allure. Pas un mot ne s'échange entre ces hommes qui se croisent. Tous courent, pliés en deux et chaque homme arrivé à la place qu'il doit occuper y reste immobile et pelotonné sur lui-même.

Notre compagnie, outre ma section postée sur la voie et se reliant à la batterie de Cachan par une ligne de factionnaires, détache un sergent et quelques hommes pour garder une barricade élevée sur la voie même à l'endroit où elle se prolonge en tranchée sur la droite un peu avant d'arriver au pont sous lequel elle traverse la route d'Orléans.

Le lieutenant-colonel vient nous visiter dans l'après-midi. Un de mes hommes a allumé sur la voie un feu de bois devant lequel il a installé une rôtissoire en fer blanc, rapportée d'Arcueil où plusieurs mobiles ont été chercher du bois dans les maisons abandonnées. Il tourne gravement la broche. Le colonel lui demande ce qu'il est en train de cuire. Notre mobile ouvre sa rôtissoire et montre un superbe gigot de chien. M. Rincheval ne peut s'empêcher de rire, il paraît content de voir qu'on se débrouille. Je passe fort paisiblement la nuit à *roupiller* contre les bras de ma bergère auprès d'un bon feu et nous rentrons très dispos à Montrouge.

A 1 heure après-midi, école de régiment derrière le fort de Montrouge. Notre bataillon y envoie trente-deux files par compagnie. Le temps est beau et la température très supportable.

Le 25, au contraire, temps affreux qui empêche tout exercice.

Le 26, nous reprenons la garde.

La 1re compagnie reste à Montrouge, la 2e va au Parc, la 3e à la Grange Ory, la 4e à la Carrière, la 5e à la Maison Pichon, la 6e à la Maison Millaud, la 7e à la Maison Percée, la 8e à la batterie de Cachan.

La maison Percée, assez grande ferme passablement endommagée, abrite également l'état-major du bataillon, commandant, adjudant-major, docteur.

Pendant que j'installe un petit poste auprès de la Grange Ory, dans une maison où se tient le lieutenant-colonel Rincheval, comme major de tranchée, pour y garder un dépôt d'outils du génie, arrive tout un bataillon de mobilisés. Ces Gardes-Nationaux sont très bien vêtus et équipés; tout est battant neuf chez eux, y compris la batterie de cuisine qui est fort nombreuse, et les balais d'osier, qui ornent leurs sacs, mais ils sont bien novices et fort empêtrés. Leurs sacs surchargés leur coupent déjà les épaules après une bien courte marche; ils sont tout piteux de ne trouver ni tables, ni chaises, ni matelas, les quatre murs seulement dans les maisons qui bordent la route d'Orléans, dite route de Toulouse, sur les cartes. Cet air désolé prête fort à rire à nos mobiles déjà ferrés sur la cuisine en plein vent et le sommeil sur la dure.

On nous dit que le lieutenant-colonel prend habituellement ses repas avec l'état-major et les officiers de la compagnie de garde à la maison Percée. C'est donc à nous l'honneur de recevoir nos chefs. Aussitôt branle-bas de cuisine. Nous envoyons chercher à Montrouge nos derniers légumes, précieuse ressource engloutie d'un coup ; Montagnac nous fait confectionner par un artiste de sa connaissance un excellent gâteau de riz au rhum dont nous fournissons les éléments, nos brosseurs se démènent autour de leurs marmites, bref tout vient à point et le déjeûner se passe bien. La journée est belle et on hume le soleil en masse, la pipe aux lèvres. Tout à coup, le bruit se répand que parmi les gardes nationaux de marche arrivés ce matin, Lassouche, du Palais-Royal et Saint-Germain, du Vaudeville, ont pris rang comme fusiliers. Une foule de mobiles s'amasse pour vérifier le fait. Il est exact. Lassouche monte sa garde entouré de moblots qui le contemplent.

A 4 heures du soir, les gardes nationaux commencent à faire du zèle. Ils demandent le mot d'ordre à nos hommes placés en avant d'eux qui, pour affaire de service ont à traverser leur barricade, car on leur a confié celle de la Grange Ory sur la route et les tranchées que gardait habituellement le 35e de ligne. Tant que nous avons eu messieurs les « sang impur » sur le dos, il a été impossible de leur faire comprendre que le mot d'ordre venant de notre lieutenant-colonel-major de tranchée, lequel se tient en arrière de la barricade qu'ils occupent en travers de la route, ne peut être connu par les postes plus près de l'ennemi qu'eux, qu'après que ceux-ci l'ont envoyé chercher par des sous-officiers. Ceux-ci, en se présentant à leur barricade ne peuvent ni le connaître, ni le donner, et alors nos tigres de papier se donnent le genre de leur interdire absolument de passer.

Nos hommes trouvent d'ailleurs promptement le moyen de passer sans cela sous le nez de ces farouches mobilisés. Un d'eux se présenta un jour à leur barricade, une gamelle à la main. Les mobilisés lui demandent le mot. « Je ne l'ai pas, répondit-il, je porte la soupe à un camarade » ; en effet, il portait à Montrouge la pitance d'un homme resté au caatonnement. « Passez », lui dit-on alors unanimement.

Ce mobile, au retour, raconte l'affaire. Aussitôt, pour voir, une foule de ses camarades se présentent avec des gamelles. Ils passent et repassent sans objection aucune. Le procédé étant désormais fixé, nos sergents-majors n'allaient plus chercher le mot d'ordre que porteurs d'une gamelle ou d'une bouteille, ce dernier vase étant encore plus vénéré de la garde nationale. La réussite fut constante et infaillible.

Le soir, nous sommes prévenus que les forts ouvriront le feu de leurs fronts ayant des vues sur l'ennemi et tireront pendant une heure au moins à onze heures du soir et à deux heures du matin, qu'aucun poste ne s'inquiète ni ne bouge. L'adjudant-major Montagnac part pour transmettre cet avis aux différents chefs de poste et je l'accompagne. Nous pataugeons dans la boue épaisse et les larges flaques d'eau des tranchées où nous trébuchons à chaque pas. Nous rencontrons le commandant qui vient de s'y étaler tout de son long.

Pendant ce barbotage, une fanfare sonnée à pleins poumons par de nombreux clairons éclate à nos oreilles. C'est l'extinction des feux sonnée avec une vigueur qui lui assure d'être entendue très loin par nos gardes nationaux de marche, malgré toutes les défenses. Montagnac trépigne de fureur et oubliant que nous sommes tous deux dans l'eau jusqu'à mi-jambe, produit un feu d'artifice aquatique qui nous douche abondamment. Les chefs de poste avertis, nous rentrons en attendant la petite fête promise par l'artillerie.

A 11 heures sonnant, le concert commence. Tous les forts du sud, Vanves, Montrouge, Issy, les Hautes Bruyères, le Moulin Saquet et autres lancent des nuées d'obus qui sifflent avec colère au-dessus de nos têtes et vont s'enfoncer au loin avec un bruit sourd. Evidemment, il se prépare quelque chose.

Le spectacle de cette canonnade détachant sans cesse ses lueurs vives sur la nuit sombre est vraiment fort beau, on se croirait en été le soir, lorsque l'extrême chaleur emplit l'horizon d'éclairs.

Le 27, la garde nationale nous remplace à la maison

Percée, nos mobiles voient avec stupeur les officiers dont plusieurs ont en bandoulière de beaux étuis neufs en cuir fauve renfermant sans doute des fusils de chasse, donner galamment la main à leurs hommes pour traverser la boue des tranchées. Tel un menuet à la Cour de Louis XV.

Repos toute la journée après la descente de garde.

Le 28, reprise du service.

La 2e compagnie reste à Montrouge. La 1re va à la batterie de Cachan, la 3e dans les tranchées à droite de la Grange Ory où la garde nationale avait remplacé le 35e de ligne, la 4e à la Grange Ory, à notre poste habituel, la 5e à la Carrière, la 6e à la maison Pichon, la 7e à la maison Millaud, la 8e à la maison Percée.

Tout le monde s'attend à un grand coup contre l'ennemi. Le 35e de ligne et les mobiles de la Vendée, l'artillerie de campagne sont rentrés dans Paris ce matin et nous restons seuls pour faire le service avec les mobilisés qui ne nous inspirent aucune confiance et que nous voudrions bien avoir ailleurs que dans le dos. On dit que le général Ducrot commandera dans la bataille qui se prépare, mais nous ignorons où elle doit se livrer. N'oublions pas qu'aucun journal ne pénètre dans nos cantonnements et que les lettres mises à notre adresse dans Paris mettent parfois dix jours à nous parvenir. Les portes sont d'ailleurs fermées en ce moment. Les troupes qui sont rentrées ont laissé leurs sacs à Montrouge. Nous n'avons donc à compter que sur nous-mêmes, la garnison du fort, quoi qu'il arrive, ne devant pas en bouger.

La 7ᵉ compagnie s'installe à la maison Millaud, fort délabrée pour le quart d'heure. Cet ancien établissement de poudrette a été tellement secoué qu'il ne lui reste plus heureusement aucun parfum de son état ancien. Deux pièces à peu près habitables encore nous abritent. Nous avons à garder quelques lignes de tranchées en avant, la barricade avec son large fossé et ses deux étages de feux qui barre la grande route, enfin la maison Brûlée et le dessous du pont du chemin de fer à son passage sous la route d'Orléans.

On a commencé à détruire la voûte de ce pont, travail nuisible et en tout cas superflu. Une faible portion s'est écroulée et a fourni des pierres qui nous barricadent un peu du côté des Prussiens.

La voie, après le pont, tourne brusquement à gauche. Après ce tournant, à 30 mètres environ du pont, l'ennemi a remué quelques pelletées de terre et construit un épaulement de trente centimètres à peine de hauteur derrière lequel un homme couché peut, à la rigueur, s'abriter.

Les Allemands n'y viennent jamais dans le jour et nous y allons fréquemment, mais ils rôdent par là la nuit.

Il en est de même d'une maison située à gauche de la route d'Orléans, tout près de celle-ci et en avant de leur grande barricade sur cette route, en face de la Maison

Brûlée. Nos hommes y vont ce matin même et déterrent une pièce de vin dans la cavé que les Prussiens n'ont pu découvrir. Ils la roulent jusqu'auprès de la maison Millaud où M. Laffon la fait défoncer, pour éviter une tentation bien forte pour les hommes, sans compter que ce vin peut être malsain.

Le capitaine et moi avisons un magnifique champ de navets encore plein de ses légumes et pour le moment rempli d'arracheurs, mobiles et gardes nationaux. Nous en rapportons une ample récolte dans les pans de nos capotes qui, relevées, nous servent de paniers et nous nous livrons à déjeuner à une orgie de navets.

Dans l'après-midi, un roulement de voitures d'artillerie nous fait tous courir sur la route. C'est une batterie de 12 de campagne qui arrive de Paris et s'arrête à hauteur de la Maison Pichon. Ces pièces sont destinées à la batterie de Cachan, toute prête à les recevoir et entièrement achevée depuis quelques jours. Décidément on va se flanquer un coup de torchon.

Déjà un jeune lieutenant d'état-major est venu dans nos parages prendre des notes et des renseignements. Il ne connaît pas du tout le terrain. Je l'avais déjà vu à cheval accompagnant le colonel de Chamberet, de la gendarmerie, qui remplace le général de La Mariouse, parti de Montrouge avec ses régiments.

M. de Chamberet passa général en décembre. Quoiqu'âgé, il était d'une activité extrême, surveillant sans cesse les avant-postes, le placement des compagnies etc. aucun des officiers généraux sous les ordres desquels nous nous sommes trouvés ne s'occupa de nous comme il le fit. Il fut bientôt aussi aimé que respecté au 60e, et voyant que le service chez nous était exact, que tout se passait correctement, il témoigna constamment beaucoup de bienveillance et une grande confiance au régiment.

Je pilote donc l'aide de camp du général aux alentours de notre poste. Mais revenons à notre batterie.

Pendant que les officiers examinent l'emplacement destiné à leurs pièces, nous causons avec les artilleurs.

A l'exception des sous-officiers et brigadiers, anciens canonniers repris dans la gendarmerie, la garde de Paris, les douaniers, etc., tout le personnel est neuf ainsi que le matériel.

Les hommes, tous enfants de Paris, n'ont pas plus de 15 à 18 jours de service et n'ont jamais tiré un coup de canon. Ils viennent de l'Ecole militaire. La batterie stationne longtemps sur la route où les Prussiens ont pu parfaitement la voir, puis elle fait demi-tour et se retire, n'ayant pas, paraît-il, d'ordres suffisants.

A 6 heures du soir, tous nos postes sont avertis que demain matin une attaque sera dirigée sur l'Hay. Nous n'avons pas à y prendre part, mais en cas de mouvement offensif de l'ennemi, nous devrons tenir dans nos tranchées jusqu'à la dernière extrémité. Dans la nuit, d'ailleurs, nos

1er et 3e bataillons envoient près de nous plusieurs compagnies en soutien.

Après dîner, je vais prendre le commandement du poste de la Maison Brûlée. On y envoyait autrefois cinq hommes, maintenant, la nuit, il y en a trente avec un officier.

C'est trop pour un simple poste d'observation, puisque nous avons ordre, à la moindre attaque, de nous replier sur nos tranchées. Bien qu'un cheminement établi depuis peu rende les communications plus aisées, nous sommes dans une vraie souricière, car l'ennemi, en sortant brusquement de la tranchée du chemin de fer peut bousculer en un clin d'œil deux ou trois factionnaires les plus rapprochés de la Maison Brûlée et y cueillir le poste, fort empêché d'en sortir par la très petite porte qui en constitue l'unique issue, à moins d'escalader les murs.

Il est donc bon d'ouvrir les yeux et les oreilles.

L'ennemi occupe certainement cette nuit la maison où on a déterré la barrique de vin ; il y laisse voir bêtement une lumière.

Nous nous chauffons tant bien que mal dans cette maudite Maison Brûlée, si bien brûlée que le toit a disparu et que du plancher du premier étage, il reste seulement de quoi poser les pieds d'un factionnaire qui y demeure perché et en observation. Une échelle sert de communication avec ce juchoir.

Voici que se fait entendre un bruit de roues et de chevaux dont l'ennemi n'a rien dû perdre au moment même où je m'installe à la Maison Brûlée. Ce sont les pièces de 12 qui sont revenues, cette fois, pour prendre place à la batterie de Cachan.

A minuit, cette opération qui a été longue et bruyante paraît terminée, car tout se tait. Il fait un froid de loup et nous nous serrons les uns contre les autres.

Tout à coup, les forts se mettent à tirer à toute volée. Cet orage cesse à deux heures du matin.

A 4 heures, un de mes factionnaires qui vient d'être relevé rentre en disant qu'il entend les tambours de l'ennemi. Ceci me paraît extraordinaire. Je sors; rien de plus vrai. L'ennemi que l'on croyait surprendre à l'Hay était donc sur pied bien avant l'attaque.

On m'a dit que, dans la soirée du 28, alors que la nouvelle de l'attaque du lendemain passait de bouche en bouche, un des ouvriers civils du génie qui se trouvaient là, occupés à relier diverses tranchées par des cheminements, avait, sitôt la nouvelle sue, pris sa course vers les Prussiens auprès desquels quelques coups de feu tirés avec précipitation ne l'avaient pas empêcher d'arriver. La chose est très possible, étant donné que ces ouvriers civils étaient, sans exception, des gens de sac et de corde, mais je ne puis en assurer l'exactitude. Ce qui est certain, c'est que l'ennemi était sur ses gardes bien avant notre attaque sur l'Hay.

Après cette sorte de générale sèche et monotone battue par les Allemands de 4 heures à 5 heures et demie du matin, que tous nos avant-postes ont dû entendre, le silence était redevenu profond. Je pensais au combat qui allait se livrer, au bonheur que j'aurais à voir arriver le jour, lorsque soudain des clameurs formidables éclatent à côté de nous. Le cri : « en avant » domine le hourrah qui se passe à notre gauche, en avant de nos tranchées. C'est l'attaque; ces cris sont poussés par une troupe qui court.

Comme mus par un même ressort, nous bondissons hors de la Maison Brûlée en nous bousculant à son étroite porte. Mais le jour est encore loin de venir. A peine si une nuance légèrement blafarde teinte comme une brume grise l'obscurité qui nous environne pour indiquer qu'il viendra; on ne voit rien. Voici la fusillade qui se mêle aux cris, toujours très près de nous. Quelques balles nous sifflent aux oreilles avec un *wggie* assez harmonieux.

Enfin l'obscurité diminue lentement.

Suivant mes instructions, je dois laisser un sergent et une quinzaine d'hommes à la Maison Brûlée et regagner la Maison Millaud avec le surplus.

Le sergent Maître va donc me remplacer comme chef de poste. Je prends avec lui quelques dispositions pour le placement des factionnaires.

Pendant que nous y sommes occupés, la batterie de Cachan ouvre le feu. Nous entendons très nettement les commandements des chefs de pièce. La fusillade est devenue plus nourrie et plus régulière. Plus de cris, si ce n'est parfois le « ah ! » de douleur d'un homme touché. L'action s'éloigne de nous.

Je prends pour rentrer à la Maison Millaud des cheminements qui passent au pied de la batterie de gauche. Au moment où j'y arrive, une des pièces fait feu à trois ou quatre mètres au-dessus de ma tête. J'en suis tout assourdi et m'en vais secouant les oreilles comme un caniche qui sort de l'eau.

La Maison Millaud est à peu près vide. La 1re section avec le sous-lieutenant François est rangée le long de la berme du fossé de notre grosse barricade sur la route. François me dit que le capitaine, avec une partie de ma section, est dans la tranchée à gauche de la route, en arrière de la Maison Brûlée.

Cette tranchée appuie sa droite à la grande route et se relie par sa gauche à la batterie de Cachan qui m'a si bien déchiré le tympan tout à l'heure. Je cours à mon poste et en effet je trouve M. Laffon qui me quitte pour aller chercher une petite lorgnette que j'ai laissée avec mon bissac à la Maison Millaud.

Il revient peu après et pendant que nous lorgnons, un des hommes nous crie de faire attention aux obus. En effet, ils arrivent. Les premiers tombent loin, les suivants se rapprochent. Le capitaine retourne à la Maison Millaud.

Cependant, le combat continue. Il fait maintenant grand jour, on peut en suivre, même sans la lorgnette, toutes les péripéties. On se bat à plus d'un kilomètre de nous, dans le village de l'Hay, derrière des murs et de grands arbres. L'affaire paraît indécise, nos tirailleurs avancent ou reculent de quelques pas, mais sans faire, il nous semble, de sérieux progrès.

Je regarde à ma montre, il est neuf heures. Cependant, notre batterie tire toujours, partie sur l'Hay, partie dans la direction de Sceaux.

C'est elle qui nous vaut la riposte des projectiles ennemis qui nous arrivent lentement, méthodiquement, par salves de deux à quatre à la fois.

D'après les récits imprimés après la guerre et notamment dans l'*Atlas du livre de la Marine au siège de Paris*, par l'amiral La Roncière où les ouvrages des Allemands et des Français sont très nettement dessinés, la batterie de position allemande qui tirait sur nous était celle du Réservoir, armée de quatre pièces à trois mille cinq cent quatre-vingt-dix mètres du fort de Montrouge, entre Sceaux et Bourg-la-Reine.

On voit très bien venir les obus car le ciel est sans nuage et il fait soleil. Nos hommes sont, pour la plupart, assez abasourdis. Quelques-uns sont étendus au fond de la tranchée croyant ainsi mieux échapper aux projectiles, d'autres sont assis contre le parapet, mais la plupart sont debout, et s'il en est d'un peu abattus, ils font contre fortune bon cœur. Plusieurs guettent et avertissent à haute voix de la direction probable des obus.

Notre sergent-major Danger se promène avec calme et lentement dans la tranchée, donnant le meilleur exemple. Deschamps, caporal, monté avec quelques hommes sur une planche qui les exhausse un peu au-dessus du sommet de la tranchée regarde le combat. Le sergent-major et moi gagnons aussi ce poste d'observation où nous oublions bientôt les obus pour suivre de l'œil le combat que nous voyons comme si nous étions au spectacle. Aucun détail ne nous échappe avec le soleil qui éclaire tout de ses rayons resplendissants.

Pendant que nous regardons, les obus font rage dans le champ de navets où nous récoltâmes hier. La terre y est molle heureusement, ils s'y enfoncent sans éclater.

Un d'eux tombe à quelques mètres de nous, nous couvre de terre et s'y enfonce si bien qu'après que le feu eût cessé il me fallut sonder dans le sol de toute la longueur de la lame de mon sabre pour retrouver l'endroit où il gisait et où je le laissai. Beaucoup passent au-dessus de nos têtes et vont éclater plus loin. Un de ces obus s'abat sur le pavé de la route d'Orléans avec le grondement violent d'une grosse toupie d'Allemagne, puis éclate sur la barricade et la Maison Millaud. D'autres enlèvent des platras et écorchent à nouveau la Maison Pichon déjà si criblée.

Cependant, à l'Hay, on se bat toujours. Le premier élan a porté nos tirailleurs très en avant, mais depuis deux heures on piétine sans avancer. Montrouge et la redoute des Hautes-Bruyères tirent sans relâche. Tout à coup, sur la crête de la ligne de collines au flanc de laquelle l'Hay est bâti, nous voyons paraître d'abord une avant-garde de fantassins ennemis qui descend à toutes jambes dans le village. Nous les perdons de vue l'instant d'après derrière les murs et les arbres d'un grand parc.

A cent mètres derrière, à toute course également arrive une épaisse colonne d'infanterie. On dirait une fourmilière au galop; ces Prussiens, aux sombres couleurs, paraissent de loin complètement noirs. Malheureusement, notre artillerie n'a pas le temps de tirer sur cette avalanche qu'elle aurait pu prendre de flanc et de face; l'ennemi descend si vite qu'en 2 ou 3 minutes il a disparu dans le village.

L'effet de ce gros renfort est foudroyant.

A peine ces nouvelles troupes entrent-elles en ligne qu'elles ouvrent un feu violent et soutenu.

Aussitôt nous voyons les Français se replier en toute hâte. Nos tirailleurs s'en vont par tous les chemins et sentiers. Nous les voyons grimper rapidement vers les Hautes-Bruyères où les bataillons se reforment. En cinq minutes, le feu a cessé de part et d'autre, le lieu du combat est désert et on n'y entend plus que de rares coups de feu isolés. Les troupes engagées à l'Hay étaient les 109e et 110e de ligne formant la brigade Valentin, renforcée des mobiles du Finistère.

Il est dix heures et demie du matin; l'attaque est complètement manquée. Notre artillerie cesse le feu, celle de l'ennemi en fait autant.

Déjà, de toutes parts, les ambulanciers s'élancent sur le terrain de l'action. De nombreux fanions à la croix de Genève précédant des civières voltigent de tous côtés. A en juger par ce qui se reforme aux Hautes-Bruyères, nous avons dû avoir peu de monde engagé. Pendant qu'on relève les blessés, il s'établit une sorte d'armistice tacite. Nos tranchées se vident et il n'y reste que les factionnaires ordinaires, nos postes reprennent leur aspect normal. On se visite réciproquement, chacun ayant vu des obus qui lui ont paru tomber sur ses voisins s'inquiète des camarades. Rien de fâcheux, heureusement. Notre présence dans les tranchées pendant le tir nous a épargnés, tandis que les masures qui sont notre abri ordinaire ont toutes reçu des projectiles.

Le capitaine de la 5me prétend avoir compté tous ceux qu'il a vus passer pendant la canonnade et il n'était pas impossible de le faire puisqu'ils nous arrivaient à intervalles réguliers par salves de 2, 3 ou 4. En une heure environ, il en a compté 219. Beaucoup sont tombés loin derrière nous. La Grange Ory en a reçu. A la Maison Percée, le lieutenant Hamot a cru sa dernière heure arrivée. Entrant dans une pièce du rez-de-chaussée, il y trouve quelques hommes qui n'étant pas de service se chauffaient sans souci auprès d'un bon feu. Ils leur représente le danger qu'ils courent en restant ainsi réunis. « Si un obus arrivait, dit-il, vous seriez tous tués ». Il n'avait pas achevé qu'un obus traverse le mur derrière la cheminée, éclate sur le foyer et envoie au nez des assistants, pierres, fonte et tisons. La chambre se remplit d'une épaisse fumée. On sort à la hâte, on se compte, chacun se tâte, seul notre caporal clairon Perrier est atteint légèrement à la joue par un éclat de pierre. C'est le seul blessé du bataillon.

Le sous-lieutenant Delacour était de garde aux tranchées en face de la Maison Percée. Un obus tombe sur la crête de la tranchée, couvre entièrement de terre le garde Préaux et s'enfonce à 20 centimètres au-dessus de celui-ci, il se retire en rampant et un autre obus arrive aussitôt juste à l'endroit qu'il venait de quitter.

Le sergent et les hommes de garde à la Maison Brûlée ont eu aussi leurs émotions. Deux fois, des obus sont venus éclater au pied des pans de mur derrière lesquels ils étaient groupés. On s'attendait d'un moment à l'autre à voir l'ennemi déboucher par la tranchée du chemin de fer. Il n'en fut rien.

La batterie à côté n'a pas un blessé. Un artilleur a reçu une balle morte sur le bras qui n'a fait que noircir la manche de sa veste. Un cheval entre les quatre jambes duquel un obus a éclaté n'a que quelques écorchures, mais à cinq cents mètres derrière nous deux gardes nationaux ont été mis en pièces.

Tout cela bien vu et considéré, on songe à manger, rien ne creuse comme d'avoir une essuyé canonnade précédée d'une nuit blanche et nous n'avons dans le ventre que deux biscuits qu'on nous a distribués ce matin à six heures et que nous avons mangés tout secs.

Comme nous ne serons relevés que ce soir ou peut-être demain matin, on a de bonne heure dépêché à Montrouge viande et cuisiniers qui doivent nous apporter la soupe une fois cuite. Par suite d'ordres, contr'ordres et malentendus divers, nous attendions encore cette soupe à 7 heures du soir, avec rien sous la dent depuis le matin. Dans l'après-midi, des quantités de gardes nationaux et d'ambulanciers sans ouvrage viennent encombrer nos avant-postes et nonobstant les défenses de passer qu'on leur oppose et nos ordres réitérés aux factionnaires de faire circuler, ces messieurs se fourrent partout et nous imposent leur assommante présence.

La foire aux obus commence. C'est à qui en aura un morceau. Deux pantouflards sont parvenus à déterrer chacun un obus qui n'a pas éclaté, ils passent tous flambards, mais le commandant Fouju qui craint avec raison qu'ils ne fassent quelque accident, les leur retire des mains et les fait porter à l'artillerie. Nos amateurs contrariés se soulagent par des paroles malsonnantes. Vivement remis à leur place, ils se retirent enfin.

Pendant ce temps, j'avise de nos moblots qui se promènent sur la grande route entre notre barricade et celle de l'ennemi, comme si on était en pleine paix. De leur côté les fantassins Bavarois qui nous font face se montrent à découvert sur le sommet de leur barricade montrant leurs bidons à nos hommes et criant : « Come, Come » (Venez) pour les inviter à boire avec eux. Les nôtres n'avancent pas mais saluent du képi et je m'empresse de faire évacuer la route.

Le soir vient cependant et les estomacs crient famine. Il paraît que décidément notre repas nous attend à Montrouge, parce que nous allons être relevés.

En effet, vers 7 heures du soir, nous sommes remplacés par quelques compagnies du 1er bataillon qui se sont tenues prêtes à marcher toute la journée. D'autres compagnies du même bataillon qui avaient été placées en soutien du nôtre rentrent avec nous, de sorte que notre ligne d'avant-postes gardée habituellement par huit compagnies est tenue par quatre compagnies seulement. Les Allemands n'ont pas cherché à en profiter. Le bataillon assez fatigué de ses 36 heures de garde mange et s'endort.

Nous croyions faire nuit pleine, mais à trois heures vingt minutes du matin, l'adjudant sous-officier Geoffroy vient nous promener une lanterne allumée devant la figure et dès que nos yeux alourdis s'entr'ouvrent, il transmet l'ordre de prendre immédiatement les armes. A 4 heures du matin, le bataillon est en marche pour la Grange Ory où il doit former réserve.

On entend fort loin à notre gauche une canonnade et une fusillade des plus violentes. C'est la grande sortie dit-on dans les rangs, c'est Ducrot qui combat. Dieu veuille qu'il réussisse !

Après avoir manœuvré autour des bâtiments de la tannerie pour abriter des obus, le cas échéant, hommes et fusils, nous nous dispersons dans divers bâtiments de l'usine, notamment dans un pavillon à l'entrée servant autrefois de bureau. La nuit est encore profonde, nous allumons du feu dans la cheminée et nous chauffons avec nos sergents en attendant le jour. Enfin le soleil se lève il fait frais mais la matinée s'annonce belle. Outre notre bataillon, plusieurs compagnies du 3me ont pris position à la Grange Ory. Les maisons voisines sont pleines de gardes nationaux. Nous sommes au moins 1200 de notre régiment à la Grange Ory, il n'y a plus personne au cantonnement de Montrouge et nous constituons l'unique réserve des avant-postes, mais, en quelques pas, nous pouvons donner la main aux compagnies qui forment la première ligne.

A déjeuner, excellentes conserves de mouton froid d'Australie. Chaque boîte contient la ration de 50 hommes. Cette viande, étant cuite, peut se manger sans apprêt, et nous la mangeons tous comme elle est, sur du pain, heureux de cette rare diversion à l'éternel cheval.

Dans l'après-midi, on va se visiter, échanger ses impressions d'une compagnie à l'autre. Un artilleur qui, vers midi, a rencontré le colonel de Chamberet sur la route, lui a entendu dire que tout va bien. Notre armée a heureusement franchi la Marne et est en train de bousculer les Prussiens. Le fait est que, sans diminuer de violence, le bruit du canon et de la fusillade se sont sensiblement éloignés. Les cœurs s'ouvrent à l'espérance.

A 4 heures, nos 5ᵉ, 6ᵉ et 7ᵉ compagnies rompent les faisceaux pour aller aux avant-postes de Cachan. La 5ᵉ reste au parc Raspail, la 6ᵉ traverse l'habitation, sort du parc à gauche et passe dans la rue qui le longe pour garder la barricade qui termine cette rue du côté du moulin. La 7ᵉ va un peu plus loin, au moulin même.

Nous y trouvons trois compagnies du 3ᵉ bataillon avec le commandant Blot. Nous prenons la garde au moulin, ce qui permet à une de ces compagnies de rentrer aussitôt à Montrouge, une autre reste en soutien et une dernière en réserve.

Les officiers nous racontent que deux obus trop courts du fort de Montrouge sont venus tomber devant le moulin sans heureusement atteindre personne.

La nuit vient, la canonnade cesse. Silence complet.

La compagnie du 3ᵉ bataillon placée en réserve s'enferme dans des terriers creusés dans un talus en terre derrière le moulin; nous ne verrons plus que demain matin ces heureux dormeurs.

Le commandant Blot dîne dans la chambrette du meunier, seule pièce habitable et bien close du moulin; dès qu'il s'est retiré, nous le remplaçons, puis nous allons inspecter notre poste.

Le moulin est très grand. Tous les hommes de notre compagnie qui ne sont pas de faction sont dans une salle basse où ils s'enfument comme des harengs autour de feux de braise allumés sur le sol. Dans d'autres locaux ouverts à tous les vents, une compagnie entière du 3ᵉ bataillon dort à poings fermés, les hommes étendus à terre, roulés dans leurs couvertures. La gelée commence à prendre. Nous allons aux vannes auxquelles il avait été recommandé expressément de ne pas toucher, mais on ne s'est pas conformé à cet ordre car nous en trouvons une à moitié levée.

Or, on cherche à produire une inondation de la Bièvre en amont du moulin; ce petit ruisseau est plein à déborder, et, en levant les vannes, nous lâchons l'inondation sur nous, à commencer par les salles basses du moulin.

Nous remettons la vanne en place à grand-peine en pesant tous trois dessus pour la baisser, mais elle paraît peu solide.

Dans une salle où nous pénétrons, l'eau est déjà à mi-jambe. Des mobiles du 3ᵉ bataillon persistent à rester assoupis dans ce bain de pieds glacial. C'est en vain que nous voulons les faire sortir de là. Ils sont morts de sommeil. Ceux que nous éveillons à peu près, les yeux encore clos et ne reconnaissant pas nos galons, murmurent de vagues injures. Las de les secouer un à un, nous sortons pour inspecter nos factionnaires.

Devant le moulin est un pré assez grand en triangle dont le moulin est la base.

Bordé à gauche par la Bièvre, devant par des marécages, à droite par une étroite chaussée, seul passage par où l'ennemi pourrait se présenter, nous avons là une bonne petite place d'armes.

Du côté du marécage produit par l'inondation de la Bièvre, il y a de petits murs de clôture; derrière le moulin, et au loin à droite et à gauche, un mur très élevé et percé de meurtrières, permet de soutenir notre poste avancé. Après un air de feu pris dans la chambre du meunier, nous ressortons. Nous surprenons derrière le grand mur plusieurs de nos factionnaires qui se sont procuré des chaises et du feu. Ils sont à leur poste, mais se reposent, les pieds au chaud, se disposant sans doute à faire un bon somme. Ils sont secoués d'importance. A notre gauche, derrière le même mur, est un poste du 110e de ligne. Nous trouvons là, enveloppé dans une grande couverture de lit par dessus sa capote, un lieutenant qui bat la semelle à côté de ses hommes. Nous l'invitons à venir se réchauffer au moulin, mais il refuse en disant que n'ayant aucune confiance dans sa troupe, il ne peut la quitter une minute. A ce propos, il nous raconte qu'au combat d'hier les compagnies de tête se sont admirablement comportées et ont d'un seul élan enlevé plusieurs lignes de tranchées à l'ennemi, mais les compagnies de soutien ont faibli. Lorsqu'on a voulu les porter en avant, elles ont refusé de marcher et de quitter les points où elles se trouvaient abritées. Un capitaine a dû frapper à coups de plat de sabre pour faire avancer sa troupe, et aucun sous-officier n'est venu seconder les efforts des officiers.

Il y eut d'engagés les 109ᵉ, 110ᵉ de ligne, les mobiles du Finistère. La brigade Blaise, en réserve ne donna pas. On perdit peu de monde en attaquant, mais au moment de la retraite, sous le feu énorme de l'ennemi, les hommes tombèrent comme des mouches. Quatre cents tués, blessés ou disparus, voilà nos pertes, y compris deux compagnies du 110ᵉ cernées et faites prisonnières. Sur 16 officiers de l'un des bataillons de ce régiment, il en revint seulement cinq. La Mobile soutint la retraite.

L'ouvrage du général Vinoy sur le siège de Paris accuse une perte totale de 30 officiers et 983 hommes tués, blessés ou disparus. La part du 110ᵉ serait bien de 400 hommes, l'officier qui nous donnait ce chiffre, ne connaissant sans doute que les pertes de son régiment.

Après le récit du lieutenant, nous le quittons et je vais surveiller le poste de la prairie. Il fait froid et la lassitude de nos jambes nous fait asseoir, mes sergents et moi, sous un hangar en planches et en fagots. Le calme est absolu. Les grands arbres devant nous, les prés éclairés par la lune, tout a un aspect complètement champêtre qui étonne si près de Paris.

Vers le milieu de la nuit, je rentre au moulin. Je ne sais ce que j'ai, mais je suis tout moulu.

Au petit jour, on vient chercher le capitaine.

Par suite du mauvais état des vannes et de la manie qu'ont les hommes de vouloir les manœuvrer, une inondation s'est déclarée dans le pré qui est notre poste avancé.

L'eau monte rapidement, on en a déjà à mi-jambe dans le pré. Nous levons les vannes. L'eau s'engouffre dans la partie basse du moulin inondé définitivement, l'eau baisse avec lenteur dans le pré et nous recueillons nos factionnaires assez trempés.

CHAPITRE V

Décembre 1870.

MONTROUGE, PLATEAU DE GRAVELLE, DRANCY, BOBIGNY

Montrouge. — Changement de cantonnement le 6. — Le régiment va au plateau de Gravelle. — On n'y monte pas de garde et on pousse l'instruction. — Le 20, par un froid vif, le régiment campe sous le fort de Noisy. — Le 21, affaire du Bourget. — Le 60ᵉ est en réserve et couche le soir sous la tente-abri. — Du 22 au 28, aux tranchées, dans la plaine de Drancy. — Malades nombreux. — Congélations. — Le 28 à Bobigny sous de grandes tentes. — La nuit du 31 aux tranchées.

Le 1ᵉʳ décembre, vers sept heures du matin, nous voyons arriver au moulin une compagnie du 3ᵉ bataillon qui prétend avoir seulement à remplacer celle du même bataillon qui, étant en soutien, ne fait aucun service. Les deux compagnies du 3ᵉ qui sont restées près de nous cette nuit se retirent et nous restons chargés de la garde, ce qui nous fait grogner.

Enfin le colonel de Chamberet arrive. Il explique qu'il ne doit plus rester au moulin qu'une seule compagnie pour la garde et qu'ainsi nous devons être relevés par la compagnie du 3e venue tout à l'heure. Nous partons donc peu après, ralliant en route nos 5e et 6e compagnies également relevées et nous rentrons à Montrouge. Les autres compagnies du bataillon y sont depuis plusieurs heures, venant de la Grange Ory d'où elles n'avaient pas bougé.

Le 2 décembre au matin, pris de fièvre, de frisson et d'une énorme lassitude, je ne puis suivre le bataillon lorsqu'il prend les armes à onze heures pour se replacer en réserve à la Grange Ory. On entend le canon.

Le bataillon rentre à la nuit close. Le Docteur Astail, médecin aide-major, vient me voir et convaincu que j'ai la petite vérole engage MM. Laffon et François à me faire partir le plus tôt possible.

Je demande à aller chez mes parents qui sont à Paris, mais, pour ordre, il faut que je sois inscrit à une ambulance.

Ces messieurs m'obtiennent un billet d'hôpital avec lequel je partirai demain. Mon brosseur est autorisé à m'accompagner jusque chez moi et rejoindra ensuite la compagnie.

A trois heures et demie du matin, mes bons camarades sont sur pied; à cinq heures ils me serrent la main et partent avec le bataillon qui prend la garde.

Un peu plus tard, je m'habille et heureusement soutenu

par mon ordonnance, car je suis si étourdi que je n'y vois plus, je monte en fiacre, car alors nous n'avions pas mangé encore toute la cavalerie des voitures publiques et j'arrive enfin chez moi n'en pouvant plus.

Pour en finir avec cette mésaventure, mon médecin crut aussi à la petite vérole ; il se trouva que c'était une rougeole qui au lieu de sortir était rentrée parce que je l'avais, sans le savoir, menée au froid ; il fallut provoquer une nouvelle éclosion, enfin ce mal pénible quand on a passé l'enfance, et j'en avais alors été exempt, me mena de maladie en convalescence jusqu'au 7 janvier, date où je rejoignis enfin.

Pour cette période, je ne puis avoir par conséquent de souvenirs personnels ; j'écris d'après les pièces officielles et d'après les souvenirs de mes camarades ; le caporal Le Ronne de la 4ᵉ compagnie avait constamment pris quelques notes qui m'ont été utiles.

Pendant mon absence, le régiment subit bien des épreuves et connut la misère. Le froid devint funeste par sa rigueur et les conditions fâcheuses dans lesquelles on s'y trouva exposé.

Le 3 décembre, tandis que je m'éloignais de Montrouge, notre demi-bataillon de gauche faisait le service des avant-postes, la 5ᵉ à la Grange Ory, la 6ᵉ à la Carrière, la 7ᵉ à la Maison Pichon, la 8ᵉ à la Maison Millaud.

De 2 à 4 heures après midi, inspection du bataillon par le lieutenant-colonel Rincheval.

Le 5, ordre de quitter Montrouge, le lendemain 6, à 11 heures du matin, après la soupe. Les mobiles de Saône-et-Loire nous remplacent aux avant-postes. Ils y trouveront tout bien plus habitable qu'il y a un mois. A nos premières gardes, sauf aux maisons Percée, Pichon, Millaud et Grange Ory, on était absolument sans abri, depuis, le génie a établi des casemates et l'industrie de nos hommes a créé ou perfectionné des installations précieuses pour les occupants par les temps pluvieux ou froids.

Le 60e tout entier se met en marche pour le plateau de Gravelle où il arrive après 5 heures de route. Les hommes ont 6 jours de vivres sur le sac. A l'arrivée, tout le monde est baraqué. Tous les officiers du 2e bataillon sont dans une de ces baraques qui ne diffère de celles de la troupe que par des cloisons qui la divisent en plusieurs compartiments. Le lit est le même pour tous : la planche du lit de camp. Le grand ennui est qu'on ne peut se chauffer dans ces baraques qui n'ont ni poêle ni cheminée et le froid se fait vivement sentir.

On établit dehors des brasiers alimentés par les arbres du bois de Vincennes et entretenus sans relâche. S'y chauffe qui veut.

Ma compagnie s'acquiert un grand renom en construisant autour de son chauffoir un petit mur en terre qui abrite un peu du vent et permet de s'appuyer le dos quand on s'assied pour se chauffer.

Le 7, le service est réglé. Pas de gardes à monter, aussi

on s'occupe activement de l'instruction un peu abandonnée par force majeure ces derniers jours.

Le 8, théorie aux hommes sur le service en campagne.

En même temps, on lit un avis du commandant destiné à refréner l'ardeur des amateurs de biftecks de cheval qu'ils allaient lever sans cérémonie sur les cadavres de chevaux gisant au champ de courses de Vincennes.

On les prévient que ces animaux ont été abattus pour cause de morve et que cette maladie se communique à l'homme. Il était bien simple d'enterrer ou d'enlever ces charognes, mais les idées simples ne sont pas administratives.

Le 9, théorie; le 10, le temps est mauvais. L'école de régiment est remise au lendemain et a lieu le 11 à une heure après midi. Les officiers reçoivent à titre de prêt de l'administration de la guerre des couvertures entières vertes fort utiles par ce grand froid. Je reçus aussi la mienne en rentrant au corps.

Le 12, théorie sur l'école des tirailleurs pour les sous-officiers et la troupe. Le 13, appel à midi et demi, suivi d'une promenade militaire autour du bois de Vincennes couvert de neige.

Le 14, le temps est mauvais; les hommes sont consignés dans les baraques pour les soins à donner aux armes et à l'équipement.

Le 15 à midi trois quarts, école de bataillon, déploiements en tirailleurs. De même le 16. Le 17, école de régiment au polygone de Vincennes. La neige est épaisse, le ciel est gris, le temps froid. Le 18, le régiment reçoit six jours de vivres, ce qui promet du nouveau.

Le 19, on exécute par quatre compagnies à la fois l'école des tirailleurs.

Le 20, le régiment, le sac bien chargé, se met en route par un froid extrêmement vif et va camper sous le fort de Noisy.

C'est le commencement de la grande misère. Le Ronne marque pour ce jour : froid pénétrant.

Le 21 au matin, les mouvements de troupes qui s'exécutent de tous côtés indiquent une action prochaine. Bientôt le canon tonne. On se bat à Drancy et au Bourget où trois cents marins sont sacrifiés dans une entreprise impossible. On croit un moment que le régiment va donner. L'aide-de-camp du général de La Mariouse, sous les ordres duquel nous sommes revenus, passe sur le front en criant : « Mettez les plastrons, prêts à combattre ».

Les hommes se hâtent de s'emplastronner. Cette invention nouvelle consiste à enlever de dessus le sac le campement, toile de tente et couverture, et plier le tout ensemble de façon à simuler une sorte de tablier à bavette qu'on suspend au cou à l'aide d'une courroie de sac et qu'on passe sous le ceinturon pour le fixer sur l'estomac. Comme cuirasse c'est contestable, l'effet moral est douteux si on a voulu donner confiance aux jeunes troupes à l'aide de cette armure, mais pour tenir chaud au ventre et à la poitrine et en plus aux mains quand on a l'arme à la bretelle, c'est souverain. Cette fois, le plastron ne joue chez nous que ce dernier rôle. Pendant que la colonne d'attaque du Bourget se fait décimer, de fortes réserves dont le 60e fait partie demeurent immobiles, l'arme au pied. Le canon a seul la parole pendant le reste du jour.

Le soir, le 2e bataillon, et je crois tout le régiment, couche sous la tente malgré un froid terrible.

Le 22 et les jours suivants jusqu'au 28, le bataillon reste en permanence dans des tranchées, sans autre abri que ceux qu'improvisent les hommes avec des toiles de tentes et des branchages. Le froid nous y poursuit et enserre impitoyablement nos soldats ; ils passent ainsi cette terrible nuit de Noël, si triste dans Paris, morne, sombre et sans passants, plus triste encore dans les tranchées où nos malheureux mobiles engourdis par le froid gisent sur le sol profondément gelé.

Ils semblent des cadavres auxquels serviraient d'insuffisant linceul les demi couvertures qui protègent à peine la moitié du corps. Le matin, ils se réveillent raidis, ankylosés ; tous les matins aussi, un pâle et souffreteux cortège de malades quitte le bataillon pour aller trouver aux ambulances un peu de chaleur et de repos. La congélation atteint quelques hommes, entr'autres le sergent-fourrier Aussône de la 2e compagnie, ancien sous-officier de l'armée, engagé volontaire chez nous. Il s'arrache tous les ongles des pieds en ôtant ses bottes. Il avait été et venu toute la journée sans rien ressentir de particulier ; le soir, se sentant fatigué, il fut étonné en se déchaussant pour se délasser de voir tous ses ongles rester dans ses chaussures. Les pieds avaient perdu toute sensibilité et il ne souffrit que quand on les lui mit dans l'eau tiède pour les dégeler. Il guérit du reste assez vite et complètement.

L'inaction, le froid, une nourriture insuffisante, tout contribue à plonger le corps et l'âme dans la torpeur. L'horizon et le ciel constamment gris et monotones ajoutent encore à l'ennui de cette dure situation. L'eau est à plus d'un kilomètre, le bois rare. Les visages et les mains ne connaissent plus depuis longtemps ni eau ni éponge, tout le monde est hâlé par la fumée de bois vert qu'on brûle à défaut d'autre, les yeux larmoient, cuits par la fumée et le froid.

Enfin, le 28, le régiment est arraché à son engourdissement pour aller camper à Bobigny sous de grandes tentes, En même temps le canon se réveille et gronde.

Le régiment continue à garder des tranchées.

Le 31, à deux heures du matin, tout le monde est mis sur pied en hâte. On fait les sacs et on prend les armes. Les Prussiens viennent de démasquer une batterie et on craint qu'ils canonnent Bobigny.

On approfondit les tranchées pour s'y mettre à l'abri. Le 60e passe sous les armes la dernière nuit de 1870 ; des soldats ne pouvait mieux finir l'année.

CHAPITRE VI

1871

BUZENVAL

Janvier.

Départ de Bobigny pour Pantin le 3. — Cantonnement rue de Paris. — Travail de terrassement aux tranchées de Drancy. Garde à Bobigny le 12 et le 13. — Le 18, départ de Pantin pour la gare de Belleville-Ceinture, transport en chemin de fer jusqu'à Courbevoie, Bivouac à Charlebourg. — Le 19, marche sur Rueil, traversée de ce village. — Halte à mi-côte à droite de la Fouilleuse. — Mouvement sur le Parc de Buzenval. — Bivouac, retraite et marche de nuit. — Retour à Charlebourg. — Cantonnement à Courbevoie le 20. — Rentrée dans Paris le 24, cantonnement au Boulevard des Batignolles. — Capitulation de Paris.

Le 1er janvier 1871, au lever du jour, le bataillon est tout entier dans les tranchées où il demeure immobile depuis plusieurs heures, blotti en prévision du bombardement prochain. En effet, les obus ennemis commencent à siffler puis à pleuvoir et cet envoi de projectiles dure toute la journée sans que nous ayions heureusement personne d'atteint.

Après les étrennes prussiennes, le bataillon en reçoit de françaises à la distribution des vivres, plus agréables et de digestion plus facile sous forme d'excellent fromage de Chester. Du fromage après 4 mois de siège ! on s'en souviendra longtemps ! La distribution avait été copieuse car en rejoignant, le 7, je pus encore m'en régaler, mais ce dessert agréable disparut bientôt devant nos appétits formidables et jamais entièrement rassasiés.

On le regrettait encore quinze jours après alors que notre ordinaire ne se composait plus que d'une pauvre ration de cheval rachitique et de pain à base de brins de paille et de grains d'avoine à peine écrasés.

Le 2 janvier se passe comme le 1er, avec le même froid et la continuation du départ quotidien de malades en nombre de plus en plus considérable.

Le 3, le régiment quitte Bobigny pour aller loger à Pantin dans des maisons.

Il était temps de mettre fin à la villégiature que nous subissions depuis le 22 décembre, commencement de la saison de plein air qui nous avait été imposée. Si l'on eût continué, l'effectif se serait réduit à rien. Beaucoup de ceux qui quittaient journellement le rang comme malades n'avaient besoin que de chaleur et de repos, et Pantin allait nous offrir ces avantages.

Non seulement les hommes de troupe présents avaient

fortement diminué mais le corps d'officiers présentait également des vides nombreux ; plus de la moitié étaient aux hopitaux.

Au 2ᵉ bataillon, la 5ᵉ compagnie avait seule ses trois officiers, dans d'autres il en manquait un ou deux ; enfin certaines d'entre elles n'ayant plus un seul de leurs officiers présents étaient commandées par un lieutenant ou sous-lieutenant détaché des compagnies moins dépourvues.

A son arrivée à Pantin, tout le 60ᵉ est cantonné rue de Paris. Le colonel et notre commandant sont logés à côté, rue du Centre ; le 42ᵉ de ligne qui est, comme nous, de la division Faron, occupe rue de Paris les maisons qui font face à celles qui nous sont allouées.

Les maisons, anciens logements d'ouvriers pour la plupart, sont très sales et délabrées : on n'y trouve que les quatre murs, de la paille pourrie, des détritus de tout genre, force vermine, beaucoup de fenêtres veuves de leurs carreaux et de portes réduites aux seuls chambranles. Mais il y a de nombreuses cheminées, et on trouve l'abri excellent comme contraste avec l'installation en plein vent antérieure.

Pantin regorge de monde. Artillerie, infanterie, gardes nationaux plus ou moins mobilisés se pressent dans les rues boueuses, malpropres et désagréablement parfumées de ce faubourg.

Le 4, on se repose, on se chauffe, on achève de s'installer.

Une lettre circulaire est adressée à tous les officiers absents pour cause de maladie afin de les inviter à reprendre leur service le plus promptement possible, en raison de l'insuffisance des cadres et de l'écrasante besogne qui incombe au peu d'officiers présents.

Mon médecin voulait me garder encore huit jours mais je n'hésite pas à répondre sans retard à l'appel et je vais chercher mon billet de sortie à l'ambulance de la Caisse des Dépôts et Comptes courants à laquelle j'étais inscrit administrativement, bien qu'autorisé à me soigner chez moi.

J'y trouve plusieurs officiers du bataillon, ils y sont bien soignées et installés.

Le 7, je vais reprendre mon service à Pantin. La 7ᵉ compagnie loge tout entière 130 rue de Paris. Nous occupons une grande maison à quatre étages sur la rue et un pavillon au fond de la cour. Tout est plein. Outre la 7ᵉ, il s'y trouve des escouades de différentes compagnies puis des gardes nationaux du génie auxiliaire. Chaque étage est divisé en plusieurs logements très crasseux. Le nôtre est chez un cordonnier absent comme tous les autres habitants mais dont le nom est encore sur la porte. C'est au second étage et nous avons pour nous et nos ordonnances une antichambre et une pièce carrelées. L'antichambre entièrement démeublée est le dortoir de nos brosseurs, et sert en outre de cuisine, de garde-manger et de cabinet de toilette. MM. Laffon, François et moi occupons la chambre meublée d'une table, quelques chaises et de portes enlevées de leurs gonds qu'on pose le soir à terre et sur lesquelles nous couchons pour éviter le froid du carreau.

Le jour, on les dresse le long des murs.

Nos fenêtres donnent sur une cour étroite et humide et sur un corps de bâtiment ruiné par un incendie. Que nous regrettons en voyant ce triste local, nos chambres si propres de Montrouge !

A mon arrivée, je ne trouve ni capitaine, ni sous-lieutenant.

Sortis tous deux, je ne rencontre qu'Hamot, lieutenant de la 8e dont il est le seul officier présent. Son logement est aussi délabré, mais moins sale que le nôtre.

A la nuit, François rentre. Il vient de la ferme de Drancy où notre bataillon envoie jour et nuit des corvées de travailleurs qui se succèdent pour élargir les tranchées. Il est maigre et fatigué. M. Laffon revient de se promener et nous nous mettons à table avec Hamot qui fait popote avec nous. Le dîner se compose de bouillon de cheval, bouilli de cheval arrosé de vin de distribution, puis café et eau-de-vie du gouvernement.

Après la pipe du soir, on songe au coucher. M. Laffon me montre l'installation adoptée. Sur une porte posée à plat sur le carreau, on étend la grande couverture prêtée par l'Etat que j'ai touchée en arrivant puis le sac de couchage en peau de mouton dont nous nous sommes tous trois pourvus à nos frais depuis peu ; on rabat par-dessus les pans de la couverture, étalés à terre et voilà. Mais quelle nuit! Impossible de fermer l'œil. Est-ce la peau de mouton trop chaude ayant le poil en dedans de mon sac, est-ce autre chose, mais des démangeaisons continuelles me font passer le temps à me débattre tandis que mes compagnons dorment sans broncher.

Au jour, je m'explique mon insomnie en voyant des punaises se promener insolemment sur notre cheminée. Mon brosseur me raconte qu'en arrivant, lui et ses deux camarades en ont écrasé des centaines dont il me montre les traces sur le papier de tenture graisseux qui garnit notre chambre. Quant à eux, dans leur antichambre, ils sont dévorés de puces. Et cependant, le froid est des plus vifs!

Comme de juste, je prends la semaine le 8. A l'appel de midi qui a lieu en armes et sac au dos dans la rue de Paris, devant nos logements, voyant seulement au moment où on allait commencer une soixantaine d'hommes de la compagnie alignés sur le trottoir, j'interpelle le sergent-major en lui demandant comment il se fait que tous les hommes ne soient pas encore descendus de leurs chambres.

— Mais, répondit-il, ils sont tous présents.

J'avais quitté la compagnie à 127 hommes; je la retrouvais à 60. Voilà ce qu'un mois de misère et de froid avait produit!

François étant souffrant, je vais avec Hamot faire une promenade le long du canal de l'Ourcq qui passe tout près de notre rue. Ce canal est entièrement gelé et l'on peut se promener dessus tout à son aise. Les eaux y sont d'ailleurs si basses que même sans gelée les bateaux n'y pourraient flotter.

Comme c'est aujourd'hui dimanche, le canal est couvert de promeneurs et d'amateurs de fritures qui cherchent par tous les moyens connus et inconnus à se procurer du poisson.

Lignards, mobiles, artilleurs se pressent autour de trous qu'ils ont pratiqués dans la glace et y pêchent avec des mouchoirs, des paniers attachés à des ficelles ou fixés au bout de bâtons, d'autres râclent le fond avec des seaux. Nous allons en vrais badauds flâner autour de ces groupes affairés. Ils ne semblent pas pour la plupart réussir beaucoup, cependant autour d'un vieux bateau qui repose disloqué sur le fond du canal, des artilleurs prennent devant nous quelques ablettes.

On n'entend parler que du goujon qu'a pris celui-ci, de l'anguille, pièce rare, qu'a capturée celui-là. Les heureux qui ont fait la moindre prise se dérobent aux ovations par une prompte retraite. Cette pêcherie nous amuse; les soldats y puisent une gaîté bien précieuse pour leur moral et nous rentrons, rapportant une bonne impression de notre promenade. La rue de Paris est plus animée que les grands boulevards; chevaux et piétons s'y pressent à toute heure, mais quelle odeur de dépotoir! Tout Pantin en est imprégné.

Le 9, beaucoup de nos malades rentrent.

M. de Seraincourt, capitaine de la 8ᵉ compagnie, qui était souffrant, revient de Paris et demande à partager notre table où Hamot est déjà admis. Nous voilà cinq et bientôt six, car Delacour, sous-lieutenant de la 8ᵉ, nous revient aussi.

Le 10, je suis de corvée. Je pars, à 11 heures du matin, avec 60 tirailleurs pris dans les 5ᵉ et 6ᵉ compagnies. Nous allons, le fusil en bandoulière, aux tranchées, en avant de la ferme de Drancy, travailler à les élargir. Nous devons y piocher de midi à quatre heures, puis rentrer à Pantin. Il fait un froid de loup. La terre est partout couverte de neige.

Rien n'est plus triste, plus monotone que la plaine qui s'étend, silencieuse, en avant de Pantin, nue et entièrement rase, car on a coupé jusqu'aux arbres des routes pour donner du bois de chauffage à Paris. Nous marchons une bonne heure pour arriver à la ferme de Drancy. Là, un sergent du génie distribue des outils aux hommes. Ne connaissant pas le terrain, je donne l'ordre à ce sous-officier de se mettre en tête et de nous guider. Il me dit qu'il a pour consigne de nous conduire et de diriger notre travail. Il nous précède donc avec trois sapeurs ; nos hommes les suivent, la pelle ou la pioche sur l'épaule et je ferme la marche. Nous nous en allions tranquillement à travers champs vers la tranchée où nous devions travailler. Nous voyions, à peu de distance, au-delà de cette tranchée, des maisons placées en face et sur le côté mais, nullement prévenus, nous ignorions que les Prussiens les occupassent. Ceux-ci nous voyaient parfaitement venir. Ils nous laissent approcher puis, brusquement, ouvrent le feu, en tirant de derrière les fenêtres des premiers étages. Les gardes nationaux qui occupent la tranchée, nous font des signaux répétés pour que nous nous hâtions. Les hommes prennent d'eux-mêmes, le pas gymnastique et nous nous précipitons dans la tranchée qui, étant profonde, nous met à l'abri des vues et du feu de l'ennemi. Les tireurs prussiens se montrent bien maladroits. Ayant leurs fusils appuyés sur les persiennes closes d'un premier étage et le temps de nous viser tout à leur aise, car nous marchions lentement et par le flanc, à rangs très ouverts, il est inouï, qu'à si petite portée, ils n'aient atteint personne. Heureusement, tout mon monde est intact. J'aurais eu bien du regret si l'un de nous eût été touché par l'imprudence du sergent qui nous servait de guide.

Aussitôt arrivés, le travail s'organise. La tranchée où nous sommes est fort mal établie. Outre qu'elle est trop étroite, défaut que nos corvées corrigent en creusant la terre en arrière, il n'y a pas de banquettes pour placer les tireurs. Il y a trop de profondeur, celle-ci met bien à l'abri des balles, mais l'ennemi pourrait arriver à cette tranchée sans qu'on puisse l'apercevoir et, de la crête du parapet, fusiller la garde prise dans un vrai coupe-gorge.

Cette garde est fournie par des gardes nationaux transis de froid; nos hommes se réchauffent en maniant la pioche, avec peu de zèle cependant, car la corvée ne leur plaît guère. Je cause avec les officiers de la garde nationale et avec un lieutenant du 35e de ligne que j'avais comme sous-lieutenant à Montrouge et dont la troupe est sur la droite de la position. Les Prussiens couvrent d'obus l'emplacement de ce régiment.

Pendant que nous bavardons, un de ces projectiles nous arrive et éclate sur la crête du parapet de la tranchée à environ 10 mètres de notre groupe. Nous recevons des cailloux qu'il fait voltiger de tous côtés. Mes travailleurs disparaissent dans la fumée. En voyant cet obus éclater, au-dessus d'eux, j'eus un moment d'angoisse. Je m'attendais à trouver deux ou trois de mes hommes broyés. Heureusement, la tranchée étant très profonde, les éclats ont passé au-dessus des têtes et personne n'est touché.

A 4 heures, nous rentrons déposer pelles et pioches à la ferme de Drancy en prenant le chemin le plus long, mais le plus sûr, par la ligne des tranchées où nous sommes complètement défilés de l'ennemi.

Les outils rendus au génie, nous filons lestement jusqu'à Pantin. Chemin faisant, je m'estimais heureux d'avoir fait ma corvée le jour; plusieurs de mes camarades durent aller travailler à cette même tranchée de minuit à quatre heures du matin, ou de huit heures du soir à minuit et cela manquait absolument de charme. Plusieurs fois, le détachement, égaré, faillit se faire fusiller par les avant-postes français; une fois même, le peloton des travailleurs se trouva perdu entre les lignes françaises et les lignes prussiennes et demeura quelque temps dans cette désagréable position.

Cependant, la santé du bataillon s'améliore. Malgré la rigueur du froid, nous n'en souffrons pas à Pantin ; on n'y manque pas de bois et le service n'est pas fatiguant.

Les gardes nationaux qui occupaient le premier étage de notre maison, étant partis je ne sais pour quelle destination, mais définitivement, je fais nettoyer leur logement qui en avait un réel besoin et, une fois rapproprié, je persuade au capitaine Laffon de nous y installer. Il est plus commode que notre taudis du deuxième étage où je me rappelle avoir fort mal reçu le propriétaire costumé en garde national sédentaire, qui était venu visiter son immeuble. Je l'avais pris pour un pantouflard osant, sans permission, pénétrer dans nos pénates et je ne cessais de l'invectiver que lorsqu'il eût décliné ses noms et prénoms et sa qualité de propriétaire sans loyer. Mon mauvais accueil fut la seule vengeance que je tirai de ses punaises.

Pour en revenir à nos nouveaux appartements, nous y possédons une chambre à coucher donnant sur la rue, ce qui est plus commode pour le service et les appels et infiniment plus gai. Trois ou quatre autres pièces inoccuppées sont de plus à notre disposition.

MM. de Seraincourt et son cousin de Boury devenu

lieutenant à la 4e compagnie en prennent une pour leur usage.

Nous formons une table nombreuse car de Boury se joint à nous et nous finissons, pour avoir moins froid, par coucher tous dans la même chambre.

Je dors à merveille sur ma planche car notre nouveau local est heureusement vierge de tout insecte.

Le 11, je vais avec quelques camarades, me promener jusqu'à Saint-Denis. En suivant le canal, on y va à pied en une heure et demie. Saint-Denis nous charme par ses boutiques ouvertes, ses cafés où nous nous restaurons.

Nous en revenons, les mains et les poches remplies de nos emplettes. Les uns rapportent des conserves de champignons, du chocolat, d'autres ont rempli leur gourde de quelque liqueur plus agréable que le fil en quatre que nous octroie généreusement l'Etat. Je fais emplette de livres, de gants chauds. Notre retour a un air de fête ; on gambade, on batifole, on se fait des niches. Nous avons l'air d'écoliers en vacances. Aussi nous promettons nous de retourner à Saint-Denis qui nous a paru une véritable terre promise où l'on aborde sans avoir de permission à demander tandis que pour Paris il faut une permission écrite que l'autorité refuse presque toujours et que les gardes nationaux de garde aux portes épluchent et contestent.

Pour ma part, je n'eus jamais de permission pour

Paris et l'on n'ignorait pas cependant que ma famille y résidait.

Le jeudi 12 janvier, le bataillon est de garde pour 48 heures. Nous partons par un beau temps et un froid supportable mais les routes dépouillées d'arbres sont tristes à voir. Dans l'immense plaine où sont nos avant-postes on n'a pour se recréer que la vue de tronçons d'arbres mutilés ou de maisons dévastées.

Le village de Bobigny près duquel sont nos grand gardes n'est plus qu'une ruine. Pas une maison que les projectiles ennemis n'aient percée de part en part; partout des planchers éventrés pendent sur des pans de murs à demi éboulés. Quand je parle de planchers, j'entends leurs vestiges car le bois sec est chose trop rare et trop recherchée pour qu'on ne les ait pas depuis longtemps mis au feu ; il ne reste donc aux maisons en fait de bois que ce qui est trop difficile à arracher ou les poutres que l'effondrement des parties voisines a rendues inabordables pour nos soldats.

Dans un rayon étendu autour de Pantin, les maisons atteintes par les obus et toutes dévastées étaient dépouillées de leur bois par des corvées envoyées des divers cantonnements.

Les unes avaient été entreprises par la ligne, d'autres par la mobile et ils ne fallait pas que les hommes d'un régiment s'avisâssent de toucher aux maisons entamées par un autre corps. C'était un sujet de rixes fréquentes d'autant mieux que cette opération se faisait par le consentement tacite mais hors de la présence des chefs.

La distribution de la graisse à fusil était une autre pomme de discorde; les hommes se battaient pour en avoir lorsqu'on en distribuait et on avait du mal à mettre le holà. Cette graisse précieuse si convoitée servait peu à l'entretien des armes mais beaucoup à la cuisine. Elle était pour tout le monde la sauce Béarnaise, unique assaisonnement des cheval-steaks et autres frichtis, la tripe de cheval entr'autres, aliment peu recommandable mais qui servit pendant plusieurs jours de supplément à nos maigres rations.

Mais revenons à Bobigny. Nos quatre compagnies de droite entrent dans la cour d'une très grande ferme près de l'église du village. Elles y sont en soutien et nous remplaceront demain dans les tranchées en avant de Bobigny que va garnir le demi-bataillon de gauche ; nous n'y sommes d'ailleurs qu'en troisième ligne.

La 5ᵉ compagnie est de garde à la droite du cimetière, la 6ᵉ sur la route de Bondy, la 7ᵉ derrière une batterie de 24, la 8ᵉ enfin dans le cimetière de Bobigny. Notre poste est assez agréable et nous n'avons, placés, comme nous le sommes, guère d'alerte à prévoir.

Ma compagnie a une grande baraque en bois fermée qu'elle occupe conjointement avec les quelques artilleurs de garde à la batterie ; les tranchées que nous devons garnir en cas d'alerte sont à quelques pas de là. Notre baraque est derrière un épaulement en terre garni de 3 pièces de 24 rayées courtes.

Mon capitaine, ancien sous-officier d'artillerie, est dans son élément; nous allons visiter la batterie et causer avec le maréchal des logis de garde.

Cette batterie construite sans doute par le génie auxiliaire à la porte de de sa poudrière tournée du côté de l'ennemi; les artilleurs terrassent pour modifier cette disposition essentiellement dangereuse.

Nous serions à merveille, n'était la nécessité, vu le froid, de faire du feu dans la baraque absolument dépourvue de poêle ou de cheminée. N'importe. Sur le sol en terre on dispose de petits brasiers; on couvre le feu pour qu'il ne flambe pas, et au bout de cinq minutes nous obtenons une fumée à couper au couteau et d'une âcreté insupportable, mais on a chaud et on tient bien closes les portes et les fenêtres, n'entr'ouvrant un instant que quand l'asphyxie est imminente. La journée se passe à nous boucaner comme des harengs saurs. M. de Seraincourt, venu pour déjeuner avec nous, ne peut y tenir et s'enfuit au bout de cinq minutes. Notre repas, du reste, ne demandait pas plus de temps que cela. Ce jour-là, malgré mon bon appétit, je ne pus finir le morceau de cheval grillé qu'on nous servit, vraie semelle de botte à quadruple cuir. Je dus me contenter ainsi que plusieurs camarades, de biscuits plats et ronds qu'on nous donnait depuis quelques jours et qui devaient être de bien vieux approvisionnements car ils étaient pleins de vers. On les mettait sur des charbons pour cuire ces animaux et on avalait sans répugnance.

Pour nous distraire, nous avons le spectacle des bûcherons municipaux qui abattent et débitent une quinzaine d'arbres encore debout non loin de notre baraque, puis, le soir, après dîner, nous allons fumer et deviser avec nos bons voisins, les artilleurs autour d'un feu, sans fumée cette fois, qu'ils ont établi dans une sorte de tanière creusée au pied de la batterie. Le maréchal des logis qui les commande est un ancien qui a fait la campagne d'Italie ; notre capitaine l'a faite aussi. Il y a échange de souvenirs intéressants ; le sous-officier est intelligent, raconte bien et nous restons là longtemps avec plaisir. Nous rentrons ensuite dans notre baraque plus enfumée que jamais. Etendus sur le lit de camp, près du sol, cela va encore, mais debout on étouffe. Sauf cela, la nuit est bonne. Vers 11 heures, quelques coups de fusil se font entendre, mais ils n'ont pas de suite et on ne prend pas les armes.

Le vendredi 13, chassez-croisez entre les compagnies du bataillon. Les compagnies de droite nous remplacent, la 3e nous relève à la batterie et le demi bataillon de gauche se place en soutien dans la grande ferme que nos camarades viennent de quitter.

Nous sommes dans de vastes bâtiments entourant en rectangle une cour spacieuse. Ses murs, planchers, toitures et escaliers sont suffisamment conservés, mais la plupart des portes et des fenêtres ont perdu leur menuiserie ou leurs vitres. On fait un feu d'enfer dans les cheminées et chacun s'ingéniant à tirer parti des locaux, on parvient à s'installer assez bien.

M. Laffon se distingue en réparant avec des morceaux de zinc trouvés dans un coin, la croisée fort délabrée de la chambre, dont nous avons fait choix. Depuis le mois de novembre, d'ailleurs, nous ne marchons jamais sans être munis de marteau, clous et mastic. Ces objets nous ont rendu bien des services; répartis entre plusieurs, ils sont faciles à porter et je recommande cette précaution de s'en munir en campagne. François fait tendre des toiles de tente en guise de portières pour remplacer des portes disparues.

Après notre frugal déjeuner, je vais visiter le village. Quelques maisons moins délabrées que les autres sont occupées par l'infanterie de ligne, qui fournit la garde des premières séries de tranchées en avant de Drancy. Je vais aussi voir le cimetière de Bobigny, gardé par la 4e compagnie. Les tombes ont été respectées, car les couronnes et les bouquets fanés qui reposent sur les croix ou les pierres des tombeaux sont, comme ceux-ci, absolument intacts.

En rentrant, j'entame avec Laloy et les sous-officiers de la 6e, une partie de trente-et-un qui dure jusqu'au dîner, Je pleure tout le temps, avec abondance, tant les yeux me cuisent encore de la fumée d'hier.

Après dîner, nous installons notre dortoir que viennent partager les officiers de la 8ᵉ.

Nous avons tous nos sacs-lits. Ces sacs, en peau de mouton, le poil en dedans, montée sur feutre à l'extérieur, sont fort commodes. Très légers, ils se roulent, se bouclent et trouvent facilement place sur le havre-sac d'un de nos hommes. Nous les avions trouvés au Magasin du Louvre. Avec nos couvertures que nous portons en sautoir, nous avons notre couchage complet. La chambre est chaude, tout est calme, nous allons, pensons-nous, avoir une excellente nuit.

Hélas, non ! Vers 10 heures du soir, les coups de fusil se mettent à partir drû comme grêle aux avant-postes. On prend vivement les armes. Notre demi-bataillon se range dans la cour et s'y aligne par compagnies déployées à six pas les unes derrière les autres. On forme les faisceaux et nous demeurons là immobiles, la troupe sac au dos. Trois fois la fusillade cesse, trois fois elle reprend, entremêlée de quelques coups de canon. Quelques balles mortes tombent derrière la ferme, tandis que, mêlés à plusieurs officiers de la ligne, nous regardons de tous nos yeux pour tâcher de comprendre ce qui se passe. La nuit est très noire ; nous ne voyons rien.

A la troisième reprise de la fusillade, la ligne cantonnée à côté de nous prend les armes et file rapidement aux avant-postes. Les uns parlent d'un coup de main tenté par l'ennemi, d'autres disent qu'à la première ou la seconde ligne, il y a des gardes nationaux qui, naturellement, tirent comme des fous. Quoi qu'il en soit, nous demeurons sans bouger, sous un joli grésil qui survient jusque vers une heure du matin. Enfin, on va demander des ordres à notre commandant logé en arrière de nous dans Bobigny et, comme depuis longtemps, tout est calme, il nous laisse rentrer dans nos chambres refroidies complètement. Le reste de la nuit est paisible.

J'oubliais de dire que depuis plusieurs jours, l'ennemi canonne le village de Drancy, voisin de celui de Bobigny, avec une fureur vraiment inexplicable, car ce village n'est plus qu'un monceau de ruines absolument inhabitable et inhabité et une batterie voisine qui sert de but aux obus allemands, est un faible ouvrage en terre inachevé, inoccupé et nullement armé.

Hier, le Docteur Astail, notre aide-major, a failli perdre la vie en allant voir de près, en amateur, ce bombardement continuel. Après avoir exploré diverses ruines, il allait sortir par une porte de jardin, près d'un chemin, lorsqu'il vit plusieurs soldats, qui passaient près de là, lever les bras au ciel et pousser des cris en regardant de son côté. Il se retourne à temps pour apercevoir un énorme obus qui lui arrive dessus. D'un saut, il franchit la porte et se jette contre le mur pendant que l'obus éclate sans heureusement l'atteindre. Il ne fut pas tenté de recommencer de ce côté des promenades aussi mouvementées.

Le 14, nous rentrons à Pantin, toujours avec la gelée,

mais par une température vraiment supportable. Les lieutenants et sous-lieutenants reçoivent l'ordre de passer dans leurs sections respectives la revue du linge, de l'habillement, de l'équipement et de la propreté des hommes et de leurs effets. Cette visite doit être réitérée, puis les officiers de section en adresseront le rapport au chef de bataillon en signalant, par écrit, les objets manquants ou défectueux.

Les hommes restés au corps sans avoir passé par les hôpitaux, ont leurs effets au complet, bien usés parfois, mais relativement propres et les cuirs entretenus. Mais ceux qui ont passé par les hôpitaux, et surtout par les ambulances privées, sont comme des petits Saint-Jean. Une fois reconnus malades, nous ne savons jamais où on les envoie. Arrivés aux ambulances où ils emportent bien inutilement sac, fusil et fourniment, on les débarrasse de ces objets qui, dans les ambulances privées surtout, sont jetés pêle-mêle dans quelque coin, sans qu'il en soit dressé d'état. Guéri, l'homme ne retrouve rien. A grand'peine, remettent-ils la main sur un fusil; très souvent, les sacs ne se retrouvent pas. Il en est qui rentrent simplement avec ce qu'ils ont sur le corps, sans armement, comme deux mauvais sujets qu'on rencontra sur les boulevards, mendiant au lieu de rejoindre. Ils furent reconnus par quelqu'un du bataillon et ramenés militairement à leur compagnie où une juste punition les attendait.

J'ai oublié de dire que, depuis quelques jours, nous

avons un premier soldat par escouade, huit par compagnie.

On avait formé des compagnies de francs-tireurs dans un grand nombre de régiments de mobiles, mais ce nom de francs-tireurs sonnait mal à l'oreille de nos hommes. Consultés, ils répondirent avec raison qu'ils marcheraient tous sans balancer pour n'importe quel service, quelque périlleux qu'il pût être, mais qu'aucun d'eux ne voulait du nom de franc-tireur.

Au lieu de francs-tireurs, nous eûmes des premiers soldats. Les choix, faits avec réflexion par les commandants de compagnie, soumis à l'approbation du chef de bataillon et du lieutenant-colonel, furent excellents. Le modeste galon rouge, cousu sur l'avant-bras, fut un titre d'honneur très recherché et donné à bon escient; ces premiers soldats vinrent heureusement seconder les caporaux dans les escouades et, si on avait eu besoin d'une compagnie d'élite, les 64 premiers soldats de chaque bataillon en auraient formé une vraiment solide.

Le 15 et le 16, rien de nouveau. Notre temps se passe en promenades à Saint-Denis et en longues parties de cartes. Le 17, le rapport nous apprend que le régiment doit partir aujourd'hui pour une destination inconnue et que l'ordre du départ est attendu d'un moment à l'autre.

Les hommes doivent se hâter de manger la soupe; on partira avec 6 jours de vivres dans le sac et 90 cartouches.

Point de bagages. Les officiers doivent envoyer les leurs chez le payeur d'où ils seront transportés au petit dépôt toujours installé au ministère des Affaires étrangères à Paris.

Nous pensions bien, voyant les portes de Paris fermées et le continuel va et vient de troupes et de matériel qui avait lieu depuis plusieurs jours qu'une sortie était prochaine, mais sur quel point ?

On se perd en conjectures ; les donneurs de nouvelles comme il y en a toujours dans les régiments ne trouvent rien.

Chacun ficelle son baluchon pour tout défaire le soir, l'ordre de départ n'étant pas arrivé.

Le mercredi 18, cet ordre de départ paraît au rapport.

Nous allons à Courbevoie. Nous devrons quitter Pantin à cinq heures après la soupe et rentrer dans Paris pour nous embarquer sur le chemin de fer de Ceinture. Notre division (Faron) se mettra en marche tout entière pour la même destination. Tout le monde s'attend à aller au feu demain.

A 5 heures moins 20 minutes, nos clairons rappellent.

A 5 heures précises, le régiment se met en marche, mais au bout de 200 mètres, nous nous arrêtons net.

L'infanterie de ligne doit passer avant nous et comme on a eu l'idée intelligente de mettre toute la division en mouvement à la même heure, il y a encombrement.

L'infanterie de la division se compose des francs-tireurs (compagnies fournies par les divers régiments, un demi bataillon) brigade Comte, 113ᵉ 114ᵉ de ligne, brigade de La Mariouse 35ᵉ, 42ᵉ de ligne, 60ᵉ mobiles, brigade Lespiau, 121ᵉ, 122ᵉ de ligne. La brigade Comte ne prit pas part au mouvement. J'ignore si tous les corps de troupes de la division s'embarquèrent sur le même point que nous, je le crois, vu le retard que subit notre embarquement, et après avoir lu dans le livre : *la Défense de Paris*, par le général Ducrot, que la gare de Belleville avait été le point d'embarquement de la division et que chaque train emmenait 1,200 hommes.

Nous laissons passer devant nous le 42ᵉ réduit à peut-être huit cents fusils ; les compagnies de ce régiment, à l'appel, ne réunissaient parfois pas trente hommes, mais l'allure de ce petit nombre de soldats éprouvés était belle et fière. L'encombrement est tel que ce n'est qu'après cinq heures de haltes innombrables et prolongées suivies de quelques pas en avant que nous touchons à la petite gare de Belleville-Ceinture où nous devons prendre le train. Nos hommes surchargés restent tout ce temps en colonne par peloton, sac au dos, le fusil à la main car, si prolongées que soient les haltes, il est défendu de former les faisceaux. Le colonel va dîner pendant ce long arrêt mais nous ne pouvons quitter nos hommes pour lesquels le voisinage de nombreux cabarets est trop tentant et qui exaspérés par cette longue attente s'empresseraient de quitter les rangs s'ils étaient livrés à eux-même. A la fin, plusieurs officiers ayant découvert un caboulot où l'on vend.

du punch, nous nous relayons pour aller en boire un verre. L'adjudant-major Montagnac, qui n'a pas de compagnie à surveiller, en a lampé plusieurs. Un peu éméché, il veut nous guider vers la gare, ne reconnaît plus le chemin et peu s'en faut que nous ne manquions l'embarquement. Il se précipite dans le train avec deux bouteilles de punch achetées pour les besoins futurs.

Enfin à dix heures vingt minutes, notre train s'ébranle emmenant nos quatre compagnies de gauche et tout le troisième bataillon. Le train précédent a emmené la première moitié du régiment. Nous éprouvons une singulière sensation à être voiturés en chemin de fer, ce qui ne nous était pas arrivé depuis le 12 septembre.

Le train nous arrête à Courbevoie. La station est plongée dans une obscurité complète, de plus la longueur du train dépasse de beaucoup celle des trottoirs de la station; beaucoup d'hommes en descendant se trouvent sur le bord d'un talus élevé à pente rapide; un soldat de la ligne lors de l'arrivée d'un des trains qui nous précédaient, a glissé en sortant de wagon et a eu les deux jambes broyées; on se pousse, on trébuche, les compagnies se mêlent; enfin, après un ralliement laborieux, vers une heure du matin, nous nous mettons en marche pour Charlebourg. Après plusieurs tours et détours, nous faisons halte dans un grand terrain vague où nos trois bataillons forment les faisceaux et mettent les sacs à terre. On rompt les rangs avec ordre de ne pas s'éloigner et défense de faire du feu si ce n'est le long du talus du chemin de fer, ligne de Versailles, rive droite qui termine ce terrain sur un de ces côtés.

Nous cherchons, MM. Laffon, François et moi, un abri dans une maisonnette voisine où ont déjà pénétré des officiers du 3ᵉ bataillon. Cette maisonnette est occupée par un officier de marine qui fait beaucoup de difficultés pour nous y laisser entrer et qui peste contre nos hommes dont plusieurs cherchent à pénétrer par les fenêtres dans des pièces inoccupées du rez-de-chaussée. Il les menace de prendre sa canne pour leur montrer à vivre.

Enfin cet officier à figure étrange, surmontée d'une chevelure ébouriffée, abondante et dressée droit sur sa tête comme une huppe, finit en grommelant par nous ouvrir sa salle à manger pour nous y coucher sur le plancher. Accepté avec enthousiasme. Notre impression commune est qu'il est fou ou gris. Nous nous étendons à terre; quelques minutes après notre commandant vient se joindre à nous. Notre marin reparaît alors, le bougeoir à la main.

Il a l'air hagard, ses cheveux se dressent de plus en plus menaçants et, cette fois, il est d'une insolence parfaite. Le commandant Fouju, qu'il prend à partie, lui répond vertement.

Notre homme alors fait enlever par son matelot un bocal de cerises à l'eau-de-vie qui se trouvait sur la cheminée en disant tout haut « qu'il ne sait à quelles gens il a affaire » et se retire après cette dernière inconvenance. Servient le lieutenant-colonel Rincheval qui nous trouve encore tout émus de ces incidents. On lui offre une des rares chaises qui se trouvent là.

Quelques instants après on vient l'avertir ainsi que le commandant qu'on leur a trouvé un gîte. Ils nous quittent et nous tâchons de dormir. J'y parviens à peu près malgré une inflammation d'entrailles douloureuse et gênante qui me tient depuis plusieurs jours et que j'attribue au cheval salé qui est depuis quelque temps notre principale nourriture.

A 3 heures du matin, avis nous est donné que le régiment se mettra en marche à 6 heures.

Le jeudi 19 donc, à 6 heures, tous les officiers sont aux faisceaux de leurs compagnies. Le général de La Mariouse paraît, enveloppé dans une vaste houppelande, son aide de camp presse le départ à grands cris. Il n'y a qu'un obstacle, c'est que le terrain vague où nous sommes est bordé de maisons disséminées, lesquelles sont occupées par des mobiles du 5e bataillon de Seine-et-Oise (Saint-Germain, commandant d'Aucourt) cantonné depuis longtemps à Charlebourg et qui ne doit pas en bouger. Ceux-ci ont accueilli en bons camarades leurs compatriotes des trois premiers bataillons ; la plupart dorment encore, dispersés dans les maisons où loge le 5e ; bref, nous n'avons que la moitié de notre troupe derrière les faisceaux.

Comment prévenir et réunir promptement les manquants ? On aurait pu sonner, mais cela nous était défendu bien que l'ennemi fût assurément trop loin pour nous entendre.

Enfin on met le régiment en marche en laissant tous les lieutenants des compagnies et des sous-officiers au point de départ pour rallier et amener les absents.

Au petit jour, la plupart rejoignent et on les met en route au fur et à mesure du complètement des compagnies. Je reste le dernier à cause de deux hommes qui manquent encore et que le sergent-major Danger me ramène. En les cherchant, il a trouvé dans l'église de Charlebourg, édifice en construction où elle a couché toute notre 3ᵉ compagnie complètement oubliée là et qui dormait encore comme un seul homme. Je l'attends impatiemment, car le canon commence à gronder et je me figure que le régiment est déjà près de l'ennemi. Enfin à 7 heures et demie, cette compagnie arrive commandée par le lieutenant Bataille. Son capitaine, M. Fanet est malade. Jeoffroy, adjudant sous-officier naguère, est depuis peu sous-lieutenant à cette compagnie. Nous partons tous ensemble avec des égarés et des traînards du 3ᵉ bataillon qui se sont joints à nous.

Mais voici qu'à 200 mètres de Charlebourg, nous trouvons tout le régiment arrêté sur la route, fusils en faisceaux et les sacs à terre. Les hommes sont assis dans les fossés, en train de faire le café. Après avoir conduit mon monde à sa place, je me faufile dans une cahute où se trouvent le colonel, le commandant Montagnac, MM. de Seraincourt, Legrand, François, etc. Nous nous chauffons à une cheminée et nous nous étendons, M. de Seraincourt et moi sur une sorte de chalit où nous nous reposons en bavardant. Cependant nous voyons défiler d'innombrables gardes nationaux de marche qui vont à la bataille en passant à travers champs. C'est pour les laisser passer devant nous, ce qu'on n'avait pas prévu, que nous faisons cette longue halte.

M. Rincheval nous raconte que le général Faron notre divisionnaire passant à cheval le long du régiment a défendu de faire des feux de peur que l'ennemi qui est à deux lieues de là et avec qui l'action est engagée, aperçoive en plein jour la fumée des légers copeaux à l'aide desquels on a déjà commencé à les allumer. Dès qu'il a le dos tourné, le colonel fait continuer le café sachant bien que personne n'a mangé depuis hier quatre heures du soir et que Dieu sait quand on fera la soupe.

A 11 heures du matin, nous sommes encore là. Nos brosseurs nous apportent des lopins de viande presque crue et tellement dure que personne n'y peut mordre, même le colonel, malgré son observation, en guise d'apéritif qu'à la guerre, il faut s'accommoder de tout.

Notre repas se compose simplement de biscuit, de chocolat et d'une gorgée du punch apporté par le prévoyant Montagnac. Nous achevons de grignoter tout en marchant car l'ordre nous est enfin venu d'avancer.

Le général Faron, tranquillement assis sous un pont du chemin de fer de Versailles et se chauffant les jambes à un bon feu, nous regarde défiler. Nous ne devons plus le revoir, pas plus que notre général de brigade.

Notre marche, par le flanc, est lente et avec de nombreux temps d'arrêt. Comme il dégèle, les chemins sont très mauvais et couverts d'une boue épaisse. Nous traversons Nanterre où quelques francs-tireurs nous regardent passer, ainsi qu'un petit nombre d'habitants. Ces francs-tireurs, tout de noir habillés, sont proprement vêtus mais sans armes. Ils nous souhaitent ironiquement bonne chance. J'ai su depuis que ces citoyens, ayant refusé de marcher et auteurs de méfaits fréquents parmi ces troupes détestables (j'excepte de cet anathème les éclaireurs Franchetti et les francs-tireurs des Ternes) et sans discipline, avaient été désarmés, mais on n'avait osé les dissoudre. Ils étaient en villégiature à Nanterre, nourris par l'État, logés chez l'habitant. Avant d'arriver à Rueil, notre longue colonne manœuvre pour se former par divisions. Nous nous portons en colonne par divisions à distance de peloton, derrière la caserne de Rueil où nous devons faire halte et attendre de nouveaux ordres. Ceux-ci sont sans doute arrivés car auprès de la caserne, la division de tête fait par le flanc droit et par file à gauche, mouvement suivi successivement par toutes les fractions du régiment et nous entrons ainsi dans une des rues de Rueil. Il y a là un encombrement énorme de voitures d'ambulance, d'équipages d'artillerie, d'allants et de venants de toute espèce. Nous commençons bientôt à monter dans une longue rue, à notre gauche, où nous défilons lentement au milieu des voitures et des brancardiers qui, en sens inverse, la redescendent, emportant sur des civières ou des cacolets de nombreux blessés. Il y en a d'assez laids à voir. Pendant tout le temps de cette montée, de nombreux obus nous arrivent par la droite; plusieurs nous rasent d'assez près, mais nos hommes y sont faits. Le jarret tendu, la tête haute, on avance en bon ordre et sans broncher. Parmi les brancardiers, il y a des Frères de la Doctrine chrétienne et beaucoup de gardes nationaux non armés et vêtus de blouses blanches. L'arrivée des obus occasionne maintes courbettes et de violentes oscillations parmi ce personnel peu aguerri ; les blessés secoués gémissent ou râlent suivant la gravité de leur cas. Les mulets sont plus impassibles que les hommes, mais comme ces malheureux blessés sont ballottés dans les cacolets ! Pour musique, le canon et le cra-cra strident des mitrailleuses, que nos soldats surnomment pittoresquement le moulin à café.

Enfin nous voici au haut de la rue. On tourne à gauche et nous sommes bientôt hors de Rueil sur un plateau à droite de la Fouilleuse. Nous obliquons un peu à droite pour traverser des vignes. Une batterie de campagne s'y trouve, muette et ses avant-trains très en arrière et à l'abri. Les pièces braquées en plein champ et sans épaulement sont désertées. Les servants sont assis ou accroupis çà et là sous des arbres fruitiers ou dans des sillons ; cette batterie ne peut tirer, on se bat sous bois, en face d'elle mais l'ennemi la voit et la crible d'obus. Un homme du bataillon, le garde Vavasseur est contusionné à la jambe gauche en traversant la zône dangereuse car nous passons au milieu des pièces et on nous fait descendre de la crête du plateau pour nous arrêter plus bas sur la pente du vallon qui est devant nous.

L'ennemi ne nous voit plus et nous échappons à son artillerie car pour les combattants d'infanterie, ils nous voient comme nous les voyons.

Devant nous, la pente descend encore un peu vers un vallon assez étroit et on se bat le long du coteau en face qui est entièrement boisé et dont l'ennemi occupe le sommet. C'est là qu'on se fusille avec tiédeur par intervalles mais le plus souvent avec rage. Nous ne voyons presque pas les combattants perdus dans les arbres. Nous faisons halte et restons immobiles en ligne déployée. Il est environ trois heures après midi. Nous restons longtemps sans bouger et regardant le combat.

Quelques poltrons remontent vers nous, s'écriant qu'ils se battent depuis le matin. Nous prenons les fusils de plusieurs de ces gens là. Ils sont parfaitement propres et n'ont pas tiré de la journée. Il y a parmi eux des mobiles de la Seine et aussi des lignards. Ils vont plus loin abriter leur lâcheté, tête basse et avec cette allure de chien battu ordinaire chez ces misérables auxquels nous n'épargnons pas les invectives qu'ils méritent.

Vers quatre heures, le régiment fait un mouvement sur la droite et nous nous mettons en marche par divisions à distance de peloton.

Ayant achevé de descendre en obliquant, les trois bataillons, le premier en tête, exécutent un changement de direction à gauche et se portent droit sur un angle du mur du parc de Buzenval, la droite de la colonne longeant un chemin assez étroit mais carrossable qui conduit au coteau. Il nous faut marcher péniblement dans des champs de vignes auxquelles les hommes empruntent des échalas en guise de cannes et au milieu d'une boue gluante où on enfonce jusqu'au mollet.

Cependant on avance en bon ordre et sans perdre les distances. Le jour baisse déjà.

Arrivés près du mur, au pied du coteau que nos troupes n'ont pu couronner, on nous arrête brusquement et le régiment est massé en colonne serrée à six pas. On nous dit que nous allons être engagés, cependant la nuit arrive rapidement et la fusillade à ce moment prend une intensité telle que mon capitaine, M. Laffon, qui fut à Solférino et qui parcourut ce jour là trois fois le champ de bataille à la suite du grand prévôt de l'armée dont il commandait l'escorte, me dit qu'il n'en avait jamais entendu de pareille.

En effet, les Allemands, sans cesse renforcés, voulaient profiter de leur nombre et de leur position dominante pour nous refouler au pied de ces coteaux auxquels nos soldats étaient accrochés depuis le matin sans parvenir à les en chasser entièrement. On n'avait jamais pu franchir les murs derrière lesquels l'ennemi bien retranché et terrassé avait résisté victorieusement. Notre artillerie embourbée n'avait été d'aucun secours. Des sapeurs du génie s'étaient dévoués pour faire sauter un des murs mais comme on n'avait jamais pu empêcher les gardes nationaux embusqués derrière eux de continuer le feu, les malheureux sapeurs étaient tombés rapidement sous les balles françaises et allemandes, succombant sans résultat. Le mouvement offensif des Prussiens, accompagné d'une fusillade énorme, s'était prononcé un peu après quatre heures, mais tous les régiments français en réserve s'étaient comme le nôtre avancés à la fois en colonnes. Le spectacle de ce mouvement général, vu du côté prussien, devait être imposant.

Il arrêta net celui de l'ennemi et, peu après, le combat fut rompu.

Cependant, des blessés, des gardes nationaux débandés descendent du coteau et passent à côtés de nous se repliant sur Rueil. Ils s'arrêtent dans un petit labour à notre droite et en arrière de nous et là, sous prétexte de décharger leurs fusils, les pantouflards se mettent à tirer dans toutes les directions.

A ce moment l'homme placé à la droite du premier rang de la première division de notre bataillon, le garde

Dumont, 1re compagnie, tombe raide mort. Ayant été tué d'une balle derrière la tête, il est évident que ce n'est pas l'ennemi qui l'a atteint. Cet accident est imputable aux gardes nationaux qui en tuèrent plus d'un ce jour là ; le pauvre Dumont était marié et père d'un enfant.

Au milieu des brancardiers, des gardes nationaux et des débandés divers, nous voyons redescendre des pièces de campagne qui se sont embourbées en voulant gravir et qui n'ont pu tirer et se rendre utiles.

Cependant il fait tout à fait nuit; les coups de feu se ralentissent de part et d'autre. Notre premier bataillon va, dit-on, garder la partie du parc de Buzenval qui est entre vos mains. Quant au 3e, il n'était pas immédiatement derrière nous ; j'ignore ce qu'il est devenu.

Nous passons du côté gauche au côté droit de la route et notre bataillon forme les faisceaux au pied extérieur du mur de clôture du parc, dans un océan de boue.

A l'emplacement que nous occupions tout à l'heure, s'installent les francs-tireurs de la division. Ils allument d'énormes feux et ayant amené là des bancs de jardin trouvés dans le parc, ils ont bientôt un bivouac très supportable sur un terrain relativement sec tandis que nous sommes dans une bouillie où il est permis de fumer mais non de s'asseoir, contrairement à ce que dit le sergent de la lithographie de Charlet.

Cependant, par une petite porte, nous nous faufilons dans le parc, nous trois officiers de la 7e, avec quelques hommes de la compagnie. Il y a de beaux arbres, des allées bien battues, une pièce d'eau non loin, et partout un sol bien meilleur que dans notre cloaque. Ce parc, le matin encore tout aux mains des Prussiens, ne paraît pas avoir souffert. Nous allons jusqu'à des écuries en bon état, vastes, propres ; dans les stalles, se trouve de la paille encore fraîche.

Elles sont pleines de mobiles du régiment du Loiret fortement engagés dans la journée et qui ont fait des pertes sérieuses. Un des mobiles de notre bataillon nous est revenu après s'être battu côte à côte avec eux.

Resté un peu en arrière en traversant Rueil, il ne nous retrouve plus, marche droit devant lui et finit par arriver en première ligne au milieu des mobiles du Loiret. Il fait le coup de feu jusqu'au soir et rejoint avec une attestation écrite des officiers du Loiret. Il avait aidé à ramasser leur lieutenant-colonel mortellement atteint.

Non loin des écuries où les mobiles se reposent, est le château qui paraît intact extérieurement.

Tout cela rapidement examiné, nous revenons à notre petite porte et trouvons nos hommes à leurs faisceaux, essayant de faire leur soupe à l'aide de faibles feux de bois vert.

Le trois officiers de la 7ᵉ mettent la marmite dans le parc même, nous y trouvons des fagots et du bois mis en corde, de l'eau dans une pièce d'eau à demi gelée où des traces de sang se voient sur la glace.

Nous nous asseyons sur les bourrées près du mur de clôture et enfin à dix heures du soir, nous dînons avec soupe et bouilli de cheval. Pendant notre repas, on recommence à se tirailler dans le parc où jusque là, quelques coups isolés avaient retenti de temps à autre ; on percevait très bien la grosse détonation d'un fusil de rempart tiré par l'ennemi. Quelques balles viennent siffler à nos oreilles et frapper le mur au-dessus de nos têtes mais nous ne nous dérangeons pas pour si peu.

Vers minuit, la Mobile du Loiret quitte le parc et passe en partie à côté de nous, se retirant sur Rueil.

A sa place, de nombreux francs-tireurs de la ligne entrent dans le parc et entretiennent avec les Prussiens une fusillade qui va toujours en augmentant. Il est évident que ceux-ci redescendent vers nous. On arriva à être si près les uns des autres qu'on se fusillait d'un côté à l'autre d'une allée dont les Prussiens avaient une rive et dont les Français tinrent longtemps l'autre. Bien que les balles s'abattent vigoureusement autour des écuries où était le Loiret, nous nous y précipitons, le commandant en tête, heureux d'y pouvoir obtenir un peu de chaleur et de paille pour nous y reposer. A peine s'était-on débarrasser des rouleaux de couvertures et des bissacs que l'ordre arrive au bataillon, qui est à cent pas de nous, d'évacuer Buzenval à l'instant.

On reprend vite son fourniment. Au moment où nous sortons des écuries, une trentaine de blessés, tous Français, entassés dans une étable voisine, comprenant qu'on les abandonne, gémissent pitoyablement. Le cœur se serre à les entendre, mais nous n'avons ni le temps, ni les moyens de les enlever.

Les francs-tireurs restent seuls dans le parc où ils couvrent notre retraite. Où allons-nous ? Nul ne le sait, pas plus que nous ne savons si le 1er et le 3e bataillon nous suivent ou nous précèdent. Notre bataillon se met en marche par le flanc, la droite en tête ; il est temps de s'en aller puisqu'on ne veut pas nous faire combattre, car c'est un joli vacarme de balles dans les murs qui nous couvraient. Dans les rangs, on dit que l'affaire va recommencer demain et que nous allons être placés en première ligne à la Fouilleuse. Ce canard ne tient pas debout car nous rentrons dans Rueil même avec une lenteur qui prouve que d'autres troupes sont devant nous. Les abords de Rueil sont jonchés de soldats étendus sur le sol boueux et profondément endormis ; ils ont l'air à demi drapés dans leurs couvertures de morts mal ensevelis.

Au moment où nous allons entrer dans le village, le 35e de ligne qui était à notre gauche y pénètre aussi.

Les deux troupes se mêlent, se confondent ; la rue n'est pas assez large pour le flot des fantassins qui s'y engouffre, pressés contre les murs de chaque rive ; nous marchons comme un vrai troupeau et traversons ainsi Rueil. A la sortie des officiers d'état-major à cheval sur les côtés du chemin nous crient de nous hâter.

Mon père, membre à Paris du cercle des Champs-Elysées, m'a souvent raconté que le soir de Buzenval il était resté tard au cercle, espérant avoir des nouvelles du champ de bataille où sur un mot que je lui avais écrit il pensait bien que j'étais. Enfin très tard, à plus de minuit, arrive crotté, éreinté, un membre du cercle, officier d'état-major de la garde nationale. Il se jette sur un canapé et s'y endort aussitôt, mais dix personnes le secouent, le forcent à ouvrir les yeux, l'interrogent. Il répond vaguement. Cependant à mon père qui lui demande s'il a vu les Mobiles de Seine-et-Oise, il dit que oui, que nous sommes dans le Parc de Buzenval, à peu près seuls ; je crois, ajoute-t-il, qu'on les a oubliés là. Y eut-il oubli ? Comment expliquer qu'on nous ait mis en marche sans que le colonel lui-même ait su où nous devions aller et avec ce seul avis « hâtez-vous ».

Nous pataugeons au sortir de Rueil dans une boue profonde qui ajoute encore au désordre.

Nous avançons toujours, traversant de nombreux bivouacs de la ligne et des mobilisés et suivant un chemin assez étroit qui mène où ? Nous n'en savons rien, mais il est évident que nous nous éloignons de plus en plus de Rueil et de la Fouilleuse.

La route que nous suivons est encombrée maintenant par une longue colonne d'équipages d'artillerie qui, eux aussi, ont battu en retraite avant nous. Voitures et attelages sont immobiles, enlisés dans la boue. Malgré les cris et les coups des conducteurs, rien ne démarre. Nous passons où nous pouvons, sur la route et à travers champs. Nous atteignons ensuite une sorte de carrefour où sur un poteau est écrit: « Octroi de Suresnes ». Là, nous tournons à gauche, fort lentement, avec d'innombrables temps d'arrêt. Les hommes sommeillent et butent les uns dans les autres. Nous rencontrons un chef de bataillon de la ligne qui, du haut de son cheval, demande à grands cris où est sa troupe. Personne ne peut le lui dire. Des hommes éreintés s'asseyent ou s'étendent dans la boue à chaque halte et refusent d'avancer quand on repart. Enfin nous voici près du Mont-Valérien dont nous longeons un des flancs. Là encore l'artillerie nous barre le chemin à peu près complètement. Il y en a une colonne venue du champ de bataille et qui a la tête de ses chevaux tournée vers Paris puis une autre encore plus longue qui a dû être mise en mouvement vers le champ de bataille et qui tourne le dos à Paris. Ces deux files de voitures en sens contraire sont immobiles. Tout y dort, chevaux et conducteurs; ceux-ci affaissés sur le cou de ceux-là. Un général de brigade est à pied devant la tête de la colonne qui tourne le dos à Paris ; il nous demande où est le général Vinoy. Nous n'en savons rien, n'étant d'ailleurs pas de l'armée de Vinoy. Ce général nous dit alors que depuis huit heures du soir il est là, sans ordres ; il est quatre heures du matin.

Nous le laissons trépignant d'impatience et d'ennui pour

filer entre les voitures. Malheureusement notre passage réveille quelques hommes des équipages revenant de Buzenval ; les chevaux aussitôt fouettés à tour de bras arrachent quelques voitures de l'ornière et nous voici grouillant au milieu de tout cela, cherchant à rester unis et à maintenir nos hommes groupés et n'ayant que le temps parfois de faire un brusque saut de côté pour ne pas être écrasés, car les conducteurs somnolents ne crient pas gare et la boue profonde assourdit tout bruit de voitures ou de chevaux. Enfin la cohue des fantassins plusieurs fois rompue finit toujours par se rejoindre. Nous dépassons enfin l'artillerie ; le 35e de ligne se démêle d'avec nous et prend un chemin à droite, nous laissons le Mont-Valérien derrière nous et avançons sur un chemin devant nous sans savoir où il faut aller.

Cela nous mène au rond point des Bergères. Là on s'arrête, on se rallie, on se compte. Nous sommes assez promptement deux cent cinquante du bataillon. Le colonel, le commandant, l'adjudant Major et les deux autres bataillons en entier ont disparu. Trois ou quatre capitaines sont présents. M. Laffon étant le plus ancien prend le commandement et en l'absence de tout ordre, après en avoir délibéré avec les officiers présents, décide d'aller bivouaquer à Charlebourg d'où nous sommes partis il y a vingt-quatre heures. Il veut mettre aussitôt tout notre monde en marche mais on s'est déjà dispersé. Certains officiers n'ont pu encore rallier leur troupe ; d'autres ont découvert une maison où on leur fait cuire des pommes de terre et s'y restaurent, bref, on nous suit peu et nous partons avec seulement une centaine d'hommes des 7ᵉ et 8ᵉ compagnies devenues tête de colonne, les trois officiers de la 7ᵉ et Hamot de la 8ᵉ qui, dans son jeune âge a été en pension dans ces parages. Il veut nous servir de guide. Après plusieurs tours et détours et au moment où les malédictions allaient fondre sur sa tête, il nous amène à notre grand terrain vague d'hier.

On se hâte de former les faisceaux, de poser les sacs à terre, puis on va de nouveau demander dans les maisons voisines l'hospitalité aux Mobiles de Saint-Germain.

Pour notre part, évitant le marin inhospitalier, nous allons frapper à une maison occupée par des sous-officiers du 5ᵉ bataillon de Seine-et-Oise. Ils nous reçoivent très bien, nous ouvrent une grande chambre et nous apportent des peaux de mouton, fort goûtées de ceux d'entre nous que leurs sacs-lits n'ont pas suivi.

Le capitaine Lafosse de la 1ʳᵉ nous rejoint là, et tous ensemble nous continuons, étendus, un somme que la fatigue nous faisait commencer debout.

Pendant ce temps, nos hommes font la soupe ou sommeillent. Toute la matinée il arrive des hommes du régiment, isolément ou par petits groupes.

Beaucoup ont passé la nuit dans la boue des champs où ils sont demeurés étendus. Plusieurs ont laissé leurs souliers dans la fange parce que les mauvais sous-pieds des guêtres n'ont pu résister; impossible de repêcher sa chaussure dans la foule qui vous poussait en avant; il y en a qui reviennent ainsi pieds nus ou un seul pied chaussé.

A midi, le miracle est complet. Les trois bataillons sont là sur le terrain où nous étions à peine cent à six heures du matin. Le colonel et le commandant se retrouvent. Ils sont revenus je ne sais par où et à la fin de la nuit, ils avaient seulement vingt hommes derrière eux. Une compagnie a fait deux fois le tour complet de la forteresse du Mont-Valérien sans savoir où elle allait.

Il ne manque presque personne à l'appel.

Notre marche d'hier a achevé l'existence de deux hommes de la 7e compagnie, un clairon et un garde. Epuisés tous deux par la dyssenterie, ils tombèrent d'inanition en traversant Rueil dans notre marche vers le champ de bataille et succombèrent en quelques instants dans les bras de plusieurs ambulanciers qui leur avaient porté secours. Ces deux hommes déjà en arrière de la colonne lorsqu'ils tombèrent ne furent vus d'aucun de nous à ce moment, et n'ayant pas reparu, furent portés comme déserteurs jusqu'à la connaissance que nous eûmes par des pièces émanant des ambulances de Rueil de leur mort et de ses circonstances. Nous regrettâmes le clairon, excellent sujet à qui son dévouement à ses devoirs militaires devait coûter la vie. L'autre était une pratique.

Il paraît que nous avons très bien fait de venir à Charlebourg; on va nous cantonner tout à côté dans Courbevoie. On prend les armes à deux heures à cet effet, mais nous faisons une longue station en attendant le déplacement de troupes de ligne, notamment de zouaves qui ont pris possession des maisons que nous devons occuper. Ils ne sont pas plus contents de s'en aller que nous d'attendre ; on est encore bien las et à chaque halte du court trajet que nous avons à faire, officiers et soldats s'asseyent ou s'étendent sur les tas de pierres qui bordent la route et s'y endorment aussitôt. Enfin, vers quatre heures, notre bataillon est logé. Nous occupons principalement la rue Sébastopol le long du chemin de fer de Versailles rive droite ; les logements sont excellents ; ce sont pour la plupart de petites villas avec jardins fort propres et souvent entièrement et confortablement meublés.

Pour notre part, les trois officiers de la 7ᵉ sont logés avec leurs brosseurs dans une petite maison de campagne entourée d'un jardin. Nous occupons le rez-de-chaussée. Au premier étage habite un cantonnier, fort brave homme qui est le gardien de la maison. Il y a quelques chaises, une table, un lit de fer, un canapé-lit ; une bonne femme du voisinage nous prête des matelas propres. Nous sommes là comme des coqs en pâte.

Le samedi 24, repos complet, appel de midi rue des Vignes, derrière nos logements.

A déjeuner, nous n'avons que du cheval tout sec sans pain ni biscuit. A notre départ de Pantin, six jours de biscuit nous avaient été distribués. Comme le capitaine avait droit à deux rations de vivres de campagne, François et moi à une ration et demie, nos rations réunies produisirent quarante-cinq biscuits pour six jours. Après en avoir rempli nos poches et nos bissacs il en restait encore beaucoup que nos brosseurs ne pouvaient prendre, chargés qu'ils étaient des leurs qu'ils ne savaient où mettre. Tout ce que nous n'emportâmes pas fut mis dans un sac et envoyé avec nos bagages au petit dépôt à Paris. Il est inutile d'ajouter que nous ne revîmes jamais le sac ni son contenu. Depuis deux jours, nous ne vivions guère que de biscuit et d'un reste de pain d'une distribution antérieure dont les derniers débris avaient servi à faire la soupe le 19 au soir, aussi n'y avait-il plus ni pain ni biscuits chez nous, nos ordonnances n'en avaient pas davantage. La troupe était à peu près dans le même cas. Les hommes ne sachant où mettre leurs six jours de biscuits les avaient enfilés avec des ficelles autour des bâtons de tente fixés sur les sacs. Les mouvements de la marche avaient fait promptement tomber en morceaux ces biscuits, heurtés à chaque pas.

Heureusement notre hôte qui venait nous apporter un journal nous voyant assez déconfits devant notre morceau de viande tout sec nous donne charitablement la moitié de son pain. Nous passons l'après-midi chez M. de Seraincourt, fort bien installé non loin de nous et nous y trouvons Briois qui, venant d'être malade, a rejoint.

Le dimanche 22, repos encore. On nous dit depuis hier

qu'on se bat dans Paris où un mouvement communeux aurait éclaté. Mon père vient me voir avec un de mes cousins m'apportant du linge propre que je revêts avec bonheur. Nos bagages ne sont pas revenus et nous n'avons tous que les effets que nous portions sur le corps en quitant Pantin. Nous lui demandons des nouvelles de Paris en lui disant les bruits qui courent. Il ne sait rien mais nous dit qu'il n'y aurait rien d'étonnant à ce qu'une échauffourée se produisit, les esprit étant fort surexcités depuis Buzenval. A l'heure même où nous causions, avait lieu l'affaire de l'Hôtel-de-Ville. Je fais présent à mon père d'un morceau de cheval frais qui l'enchante.

Il existe à Courbevoie un boucher qui tue un cheval chaque nuit. A 6 heures du matin, il ouvre son étal, la bête est toute dépecée et prête à être détaillée à raison de trois francs cinquante la livre. A 6 heures et demie, tout est vendu et la boutique se ferme jusqu'au lendemain. A trois heures du matin, la queue commence à la porte de cet industriel; nos brosseurs y prennent rang à tour de rôle. Ce cheval frais me remit de la douloureuse inflammation d'entrailles dont je souffrais depuis plus de dix jours et que donnait à beaucoup d'entre nous le cheval salé de distribution mangé tel quel.

Le lundi 23, à l'appel de midi, on dit aux hommes qu'ils ne sont pas consignés mais qu'ils ne devront pas s'éloigner de leurs logements.

M. Laffon François et moi nous rendons cependant

dans la journée dans dans un cabaret borgne prés du rond-point des Bergères où nos camarades ont trouvé des pommes de terre à manger en revenant de Buzenval. Nous sommes reçus par trois ou quatre femmes assez équivoques, seules habitantes de ce bouge, mais nous ne venons pas là pour courir galante aventure et nous faisons marché pour qu'on nous prépare un plat de pommes de terres frites. Pendant qu'on les apprête, nous allons nous promener et à l'heure fixée, le festin est prêt.

C'est dans ce cabaret sur la porte duquel était écrit à la craie qu'on ne vendait plus de vin, et nous en eûmes cependant, que nous fîmes un des meilleurs repas de notre vie. Pour cinq francs nous eûmes un plat suffisamment copieux de frites, friandise que notre estomac ne connaissait plus depuis longtemps. Aussi rentrons nous à la chute du jour, à peu près lestés par ce goûter et le soir, nous nous contentons de prendre le café dans nos quarts de fer blanc.

Le mardi 24, dès la pointe du jour, on nous communique l'ordre de départ. A dix heures, la soupe sera mangée ; à dix heures et un quart la troupe sera rassemblée, les sacs correctement paquetés, les couvertures roulées dans les toiles de tente, en fer à cheval, sur le sac.

A dix heures et demie départ après l'appel.

Nous sommes prévenus qu'ayant à traverser Paris, le bon ordre et le silence sont de rigueur.

Notre destination est, dit-on, la gare du chemin de fer de Strasbourg. Toute notre division marche sur Paris. Nous sommes souvent arrêtés par le très long défilé de l'artillerie et du génie. Nous rentrons par l'avenue de Neuilly. A la barricade de la porte Maillot, le camarade de Beaulieu nous regarde défiler et nous serre la main. Il est sorti pour nous voir du quartier général de Ducrot. La croix de la Légion d'honneur brille sur son uniforme.

Il y a une brume épaisse et nous arrivons presque sur l'Arc de Triomphe sans l'avoir aperçu. Nouvelle halte, le long du parc Monceau puis la marche continue. On disait dans les rangs que la division allait à Saint-Denis où on se battait, les Prussiens tentant une attaque de vive force. Fausse nouvelle. Arrivés au boulevard des Batignolles, on nous arrête brusquement à la hauteur de la rue de Moscou puis ordre est donné au régiment de se cantonner dans les baraquements du boulevard à raison de cinq baraques par bataillon. On nous prévient toutefois qu'on va peut-être repartir dans une demi-heure. Nous y sommes restés quarante-cinq jours. Pendant que nous défilons et stationnons sur le boulevard des Batignolles, les commères du quartier nous regardent d'un air de mépris et hurlent à nos oreilles les cris de « Capitulards, mangeurs du pain des Parisiens. » Nous n'y comprenons rien. Après un certain temps passé à attendre, voyant qu'on ne repart pas, je cours embrasser les miens. Ma mère et ma grand'mère sont à la maison, étonnés de me voir. Je leur dis que je retourne à mon bataillon qui va peut-être repartir mais mon père qui survient m'annonce la capitulation de Paris et me dit que certainement nous ne bougerons pas. Tout abasourdi, je retourne à nos baraques et comme les officiers n'y ont pas place, qu'en outre la municipalité enchantée d'embêter des militaires, refuse de nous délivrer des logements, nous cherchons gîte à nos frais dans un hôtel voisin.

Le mercredi 25, appel à midi, sac au dos. Les hommes sont prévenus que l'on cherchera à leur acheter leurs cartouches mais qu'il en sera passé des revues exactes et que quiconque ne pourra les représenter toutes sera sévèrement puni. L'Autorité prévoyait donc déjà la Commune, qu'elle devait se montrer inhabile à empêcher.

En effet, tentatives d'embauchage, même à notre égard, offres aux hommes de tournées dans les cabarets par des individus suspects, rien ne manque et lorsqu'on vit que nous étions inébranlables, les invectives succédèrent promptement aux politesses et nous essuyâmes de rudes bordées d'injures pendant notre séjour d'un mois et demi aux baraquements des Batignolles. Lorsqu'à l'appel on faisait former le cercle aux compagnies pour la lecture de la décision ou toute autre communication relative au service, nous étions obligés de disposer face au public et nous tournant le dos plusieurs fonctionnaires formant un cercle extérieur pour qu'on n'entendît pas ce que nous disions à la troupe et pour n'être pas interrompus par de grossières invectives, exercice pour lequel les femmes en particulier avaient une prédilection marquée.

Le 25, Charpentier, sergent-major de la 8e, passe adjudant du bataillon, en remplacement de Geoffroy, promu sous-lieutenant depuis plusieurs semaines. Le jeudi 26, Sarrazin, fourrier de la 8e, y passe sergent-major.

Le vendredi 27, longue et minutieuse revue de l'Intendance qui nous fait rester des heures à nos rangs, battant la semelle par un froid fort vif. Nous sommes consignés à l'issue de la revue. On craint que les « à outrance » dernier surnom des gardes nationaux, ne tentent quelque coup.

Le 28, nous ne sommes pas consignés. Après l'appel, théorie sur le montage, démontage, entretien du fusil. Tous les jours le régiment devra fournir 60 hommes, 20 par bataillon, prêts à marcher, le tout sous les ordres d'un officier. Cette garde de police est relevée toutes les 24 heures. Le 29, rien de nouveau au rapport si ce n'est que demain, à partir de midi, le régiment sera de piquet pour 24 heures.

La 7e compagnie perd un de ses meilleurs sergents, Giroux, mort subitement de la rupture d'un anévrisme. Il était avec nous depuis Versailles ou il était venu s'instruire avec les cadres. Méritant à tous égards, exact dans son service, toujours gai et en train, il était très aimé et sa mort inspire d'unanimes regrets.

Le lundi 30, nous avons connaissance des détails de la

capitulation. L'armée et la garde mobile rendront leurs armes, à l'exception de 15,000 hommes de troupes de ligne et de quelques bataillons de mobiles conservés pour le maintien de l'ordre.

Après l'appel de midi, le commandant réunit les officiers pour une théorie sur le service intérieur et nous donne à entendre que le 2ᵉ bataillon de Seine-et-Oise sera compris parmi ceux maintenus en armes. C'eût été pour nous un honneur dont nous nous serions montrés dignes et c'est un regret pour le bataillon qu'il n'en ait pas été ainsi.

Nous sommes de piquet.

Le mardi 31 ont lieu les obsèques de notre pauvre Giroux. Beaucoup d'officiers, presque tous les sous-officiers et un grand nombre d'hommes du bataillon y assistent. Le service funèbre a lieu à l'église Sainte-Marie des Batignolles et l'inhumation au cimetière Saint-Vincent tout en haut de Montmartre. On a de là une vue splendide. M. Laffon prononce quelques paroles qui émeuvent beaucoup l'assistance.

CHAPITRE VII

Février 1871

DÉSARMEMENT

Baraquement aux Batignoles. — Désarmement du bataillon. — Elections législatives. — Croix et médailles. — Nombreux malades. — Enlèvement des canons place Wagram et passage des pièces devant notre cantonnement le 28.

Le mercredi 1er février, Pahin, un des bons caporaux de la 7e compagnie, passe sergent à la dite compagnie en remplacement de Giroux, décédé, Bojano, frère du capitaine de la 5e et servant comme simple garde, engagé volontaire dans cette compagnie, passe caporal à la 8e et est détaché à la 7e comme caporal fourrier.

Le 2, après l'appel, théorie aux hommes sur le service intérieur, marques extérieures de respect, etc.

Les 3, 4, 5, rien de nouveau. Nous restons armés mais inactifs.

Paris se ravitaille lentement et l'ordinaire de la troupe ne s'en ressent pas encore. Le temps est très radouci, les hommes ne souffrent plus du froid dans le sens absolu du mot, mais l'humidité des barraques est très malsaine et on ne peut y porter remède, l'air et la lumière ne pénétrant pas assez dans ces constructions en bois et à la hauteur du sol et des lits de camp où reposent les hommes, les bois et le sol ne sont jamais complètement secs. L'air donné par des ouvertures placées trop haut ne se renouvelle pas assez et comme il n'y a ni poêle ni cheminée, on ne peut ni échauffer ni assainir.

Le lundi 6, nous cessons d'exister en tant que force armée. Tous nos fusils sont portés ce matin dans une église en construction aux Batignolles, où des artilleurs les reçoivent pour les remettre ensuite à l'ennemi.

Nous voilà traités en prisonniers de guerre et, en vertu de la capitulation de Paris, les Prussiens ont le droit de nous mettre la main au collet et de nous emmener en captivité si la paix ne se fait pas. On appelle cela l'armistice. Pour comble d'humiliation, pendant que nos fusils nous sont enlevés, la garde nationale, qu'on n'ose désarmer continue à parader avec les siens. Aussi faisons-nous de tristes réflexions en allant rendre notre armement ; quand je dis nous, je veux parler surtout des officiers, car la plupart de nos hommes ne pensent guère à tout cela. Pour eux, rendre les fusils c'est l'annonce du prochain retour au pays et c'est tout ce qu'il demandent. Quitter Paris où ils sont mal vus et injuriés tous les jours, leur paraît chose très désirable, et sur ce point ils ont raison; la guerre est finie, les fusils sont inutiles et la troupe ne les reprendrait avec plaisir que pour flanquer une râclée aux Parisiens trop ingrats pour leurs défenseurs de province.

Le fait est que notre situation aux Batignolles est intolérable. Il fallait une patience absolument angélique pour supporter les quolibets orduriers, les insultes continuelles dont nous étions abreuvés sans relâche dans cet aimable quartier; j'ai toujours regretté qu'avant de partir, nous n'ayions pas réglé nos comptes par une fessée générale aux mégères qui nous vitupéraient sans se lasser et une bonne volée de coups de trique aux mâles qui, eux, n'osaient nous braver que de loin.

Désarmés, nos hommes retournent à leurs barraques, où les attendent l'oisiveté et l'ennui. Que vont-ils faire et que va-t-on en faire?

Le 7, nous rendons nos munitions, suite naturelle du désarmement d'hier. Nous portons nos 90 cartouches par homme à un poste caserne du bastion 39 près la porte Saint-Ouen. Les cartouches sont reçues par l'artillerie qui les empile sans compter dans de grandes mannes et les descend dans les caves du poste.

Ce procédé sommaire de réception avait lieu d'étonner de la part d'une arme amie de l'ordre et de la méthode qui d'ailleurs avait, hier, si mal compté nos fusils qu'on fit quelques jours après une semonce à notre camarade

Graux, parce qu'il avait été rendu deux fusils de plus que notre effectif, alors qu'il en avait encore trente en magasin, réserve qui n'avait jamais été distribuée à la troupe. Au surplus, aucun officier d'artillerie n'assistait à notre désarmement ni au versement des cartouches. Quant aux sous-officiers de cette arme qui surveillaient le personnel chargé de recueillir de nos mains fusils et munitions, ils paraissaient surtout avoir hâte d'en finir n'importe comment. C'est ainsi qu'on livra aux Allemands plusieurs milliers de fusils de plus qu'on ne leur en avait annoncé. Ils les rendirent plus tard au gouvernement français.

A trois heures, nos hommes sont dépouillés de leurs ceinturons, gibernes, porte-sabre-baïonnette, bretelles de fusil, il ne nous reste que l'habillement et le campement que la France et la Prusse veulent bien nous laisser. L'État reprend aux officiers leurs couvertures vertes. Nous réclamons en vain des pantalons pour remplacer les culottes en lambeaux de plusieurs de nos hommes. L'intendance nous les refuse impitoyablement. Nous allons, nous répond-on, être bientôt renvoyés dans nos foyers; il est inutile que l'État se mette en dépense pour nous. Il en résulte qu'on voit aux appels des pantalons de fantaisie, des malheureux qui n'ont que des pantalons de toile ou qui, mal couverts par leurs vieux vêtements d'ordonnance, ont le derrière à moitié à l'air. C'est pitoyable.

Le 8 février, élection pour les onze députés que le département de Seine-et-Oise doit envoyer à l'assemblée de Bordeaux. Dès huit heures et demie du matin, un bureau est constitué à cet effet dans chaque bataillon et composé du commandant et du plus ancien capitaine, sergent, caporal et garde.

Je me rappelle que beaucoup d'électeurs furent déconcertés par le scrutin de liste ; ainsi à la 7e compagnie la plupart des hommes ne veulent pas voter, disant que tous les candidats leur sont inconnus. Enfin le scrutin s'achève tant bien que mal sur ce vœu général : « Puissent-ils nous tirer du pétrin dans lequel nous sommes ! »

Le même jour, le *Journal officiel* annonce au régiment quelques récompenses qui font un peu diversion aux tristes pensées qu'inspire notre situation actuelle. Le lieutenant-colonel Rincheval est promu officier de la Légion d'honneur, notre commandant, M. Fouju, a la croix de chevalier, ainsi que le capitaine de la 7e M. Laffon, déjà titulaire de la médaille d'Italie. Les autres bataillons ont aussi deux décorations pour leur corps d'officiers.

Le vendredi 10, nous voyons deux médailles militaires accordées au bataillon, l'une au sergent-major Danger de la 7e compagnie, l'autre au fourrier Aussonne de la 2e, ancien sous-officier de l'armée, rengagé volontairement chez nous et qui, l'on s'en souvient, avait eu les pieds en partie gelés.

Sur huit compagnies, la 7ᵉ est fière d'avoir eu la moitié des récompenses accordées. Les autres bataillons ont aussi deux médailles.

Il ne fut jamais accordé d'autres décorations que celles qui précèdent, sauf au capitaine Legrand de la 2ᵉ compagnie, qui eut la croix quelques mois après la guerre, en partie pour ses services, comme officier de mobiles et aussi pour ses services civils comme chef de bureau à la préfecture de Seine-et-Oise.

Pendant que le 60ᵉ régiment recevait ces récompenses décernées avec une parcimonie méthodique, nous comptions, dans le *Journal officiel*, environ quinze cents croix et médailles pour la garde nationale de Paris, principalement à l'occasion de Buzenval.

Aussi, la garde mobile, pouvait-elle dire qu'elle avait plus d'honneur que d'honneurs.

Le samedi 11, rien de nouveau, si ce n'est que nous continuons à avoir un grand nombre de malades. Il y en a eu 108 au régiment depuis notre rentrée dans Paris et sur ce nombre, cinq sont morts.

Le 12, le 13, le 14 rien de nouveau, on peut en dire de même pour tous les jours de la semaine.

Moralement et physiquement, le bataillon se meurt dans une pesante inaction et nous assistons à l'agonie de ce que nous avions créé avec tant d'entrain et de rapidité.

Le nombre des malades commence heureusement à

décroître, grâce au temps très doux et à la nourriture devenue meilleure.

Le mardi 21, le docteur Drouet est enfin renvoyé dans ses foyers. Il n'est pas regretté au régiment. Quatre aide-majors sont également licenciés. Ces messieurs sont gratifiés d'un mois de solde.

Le docteur Astail, notre aide-major du 2ᵉ bataillon reste seul chargé du service médical.

Un de nos meilleurs caporaux, Deschamps, nous est enlevé par la 8ᵉ compagnie où il passe sergent. Ce brave garçon nous quitte tout ému et presque les larmes aux yeux.

Notre vie, à nous autres officiers, s'écoule fort paisiblement. Je m'occupe de rédiger le journal de marche du bataillon qui doit dormir en quelque coin des archives de la guerre avec les autres pièces concernant le régiment que le Conseil d'administration travaille à mettre en ordre. Je fais établir, par un lithographe, un certificat d'élection indispensable pour ceux des officiers qui n'ont pas eu de lettre de service et qui proviennent purement de l'élection. En effet, sans ce certificat, ils n'auraient entre les mains aucun titre établissant leur situation d'officier et constatant avec leur grade, leur présence au corps. Des blancs sont ménagés pour l'inscription à la plume des noms et prénoms des intéressés et pour les signatures.

Tous les officiers, qui ont passé par l'élection, reçoivent un de ces certificats, délivrés par le Conseil d'administration, revêtus des signatures des membres de ce Conseil, timbrés du cachet du régiment, vus et contresignés par un sous-intennant militaire.

Ces détails, quelques inspections et le service de semaine réduit à des corvées et à des distributions nous laissent encore de longs loisirs employés à se lever tard, déjeuner longuement et, après l'appel de midi, nous nous livrons à d'interminables parties de billard dans un café du quartier. Astail et moi avons découvert un bouquiniste chez lequel nous faisons de longues séances.

Le soir, dîner prolongé, billard très prolongé aussi. C'est monotone mais on trouve encore moyen parfois de rire et s'égayer.

Quant au bataillon, il fond à vue d'œil non plus heureusement par les maladies mais par l'impatience qu'ont nos hommes de revoir leurs foyers et leurs familles. Chaque jour il en manque qui ont pris la poudre d'escampette sans permission. Ils laissent à Paris leur uniforme, endossent une blouse et les voilà partis. Généralement ils reparaissent au bout de quelques jours. On parle vaguement de les punir mais il y a trop de coupables; l'autorité se résigne à fermer les yeux. Ceux qui restent au baraquement s'ennuient fort; nous laissons travailler en ville tous ceux qui le demandent. Les autres ne savent à quoi s'occuper. Plusieurs, aux distributions, s'adjugent du vin à trop forte dose; c'est celui des camarades absents.

Les 27 et 28 février, les canons parqués place Wagram

fort peu gardés par des artilleurs de la garde nationale en trop petit nombre, charmés d'ailleurs de les laisser prendre, sont enlevés par une cohue qui crie bien haut qu'elle veut les soustraire aux Prussiens dont l'entrée à Paris est fixée au premier mars.

En réalité cet enlèvement avait pour but de compléter l'armement de la Commune qui s'organisait depuis longtemps et sans mystère aucun.

L'aspect de la foule qui emmenait les pièces à Montmartre et autres lieux de dépôt ne laissait aucun doute là-dessus.

Beaucoup de ces canons passent le 28 février sur le boulevard des Batignolles traînés par une foule en désordre de galopins, de voyous de tout poil et de toute couleur et surtout de ces gardes nationaux aux longs cheveux et à la barbe broussailleuse qui constituaient le chic pour ces gens là.

Ivres, poudreux et bruyants ils entouraient, traînaient et poussaient les pièces dont quelques-unes seulement étaient attelées de haridelles quelconques. Le beau sexe, représenté par d'ignobles gadoues plus ou moins déguisées en cantinières, trônait sur les coffres des avant-trains.

Des pièces étaient attachées derrière des charrettes ; j'en vis même une, le soir, sans avant-train, attachée derrière un fiacre qui s'en allait au petit trot et que personne n'escortait. Le fiacre avait l'air vide ; c'était le cocher sans doute qui emmenait ce canon pour sa collection particulière.

Ce long défilé que nous regardions de nos baraques ne se fit pas sans que nous fussions de nouveau insultés par tous ces passants armés et qui voyaient bien que nous ne l'étions pas. Nous restions muets mais on ne pouvait penser sans enrager que si nous avions eu seulement cinquante hommes en armes, nous reprenions lestement les pièces et que tous ces gens qui nous narguaient si bien, eussent déguerpi au plus vite.

Mais que dire lorsque nous vimes un groupe d'officiers de mobiles, du 18e bataillon de la Seine, le sabre à la main, entourant, poussant, traînant avec quelques hommes de leur troupe une de ces pièces de canon !

Je ne pus m'empêcher de crier tout haut mon indignation de voir salir ainsi notre uniforme; déjà des regards menaçants se dirigeaient sur moi lorsqu'Astail avec qui j'étais alors dans la foule, assez loin de notre cantonnement, me prit le bras et m'entraîna dans une rue écartée en me sermonnant sur mon imprudence.

CHAPITRE VIII

Mars 1871.

DÉPART DE PARIS, DISLOCATION DU RÉGIMENT

Entrée des Prussiens dans Paris. — Ordre, le 4 de renvoyer le régiment dans ses foyers. — Départ, le 6 des trois bataillons. — J'accompagne le 2ᵉ jusqu'à Mantes. — Nous logeons à Saint-Germain malgré la municipalité. — Rencontre à Ecquevilly de troupes françaises venant de l'armée du Nord. — Arrivée à Mantes le 7. — On y rompt les rangs pour la dernière fois, place du Marché.

Le premier mars, entre dix et onze heures du matin, les allemands entrent dans Paris par Neuilly et Saint-Cloud, occupent les Champs-Élysées, la place de la Concorde et visitent les Tuileries.

Nous voyons avec peine le grand nombre des badauds qui, dans la journée, se dirigent de leur côté. Le temps est splendide. Le lieutenant-colonel Rincheval nous adresse un ordre du jour très bien écrit et pensé pour recommander aux bataillons du 60ᵉ le calme, la dignité, l'abstention de toute manifestation et l'éloignement de tout tumulte de quelque nature qu'il soit.

Cet ordre du jour impressionne vivement les hommes ; il a certainement contribué à leur tenue parfaite pendant tout ce temps.

Le 2 mars, nous apprenons que la paix est signée et ratifiée définitivement à Bordeaux.

Le 3 mars, de bon matin, les allemands nous délivrent de leur présence. C'est ce qu'ils ont fait de mieux dans toute la campagne.

Ce soir, Paris, pour la première fois depuis cinq mois, est éclairé au gaz. Cela fait un effet magnifique.

On parle de nous renvoyer bientôt chez nous.

En effet, l'ordre de rentrer dans nos foyers parvient au régiment le samedi soir. Le départ des trois bataillons aura lieu le lundi 6. Notre bataillon a deux étapes pour se rendre à Mantes.

Le dimanche tout est sens dessus dessous.

Les compagnies rendent le campement, les comptables alignent leurs chiffres et arrêtent les comptes, on fait le calcul des masses pour distribuer le boni aux hommes présents.

Il y a tant d'absents que le bataillon n'a guère que 400 hommes dans le rang, tandis qu'il en existe le double, c'est-à-dire 800, d'après nos effectifs.

Le calcul est facile à faire. Le régiment fort de trois mille deux cents hommes à son arrivée à Montrouge en novembre 1870 n'en a plus que deux mille quatre cents, ce qui constitue une perte totale de 800 hommes. Nous étions 1.060 au 2ᵉ batàillon ; il en reste à peu près 800 vivants. Notre perte est donc d'environ 250 hommes. L'effectif des autres bataillons était au début plus fort que celui du nôtre et les pertes dans une proportion équivalente. Elles sont dues au feu pour une très faible partie ; nous n'avons eu que des accidents individuels, la grosse part revient à la petite vérole, aux bronchites, à la dyssenterie. Il fallait entendre les toux quand nous étions en marche au mois de janvier et voir la figure des malheureux qui nous revenaient après avoir eu la petite vérole noire !

Beaucoup d'officiers sont absents ; les deux tiers à peine sont là. Je suis seul à la compagnie, capitaine et sous-lieutenant sont en permission. Je donne donc toutes les signatures nécessaires pour terminer notre paperasserie administrative.

Le lundi 6, à dix heures et demie, le lieutenant-colonel Rincheval passe devant le front de toutes les compagnies alignées près des baraques, sur le boulevard des Batignolles. C'est la dernière fois qu'il voit les hommes, c'est la dernière fois également que nous les commandons ; aussi c'est d'une voix émue et voilée que je commande : « A droite alignement... fixe » au moment où notre chef de corps approche de la compagnie.

A dix heures trois quart, les trois bataillons se mettent silencieusement en marche à la fois, le 1er pour Étampes, le 2e pour Mantes et le 3e pour Pontoise.

Les hommes sont contents de partir et je n'en emmène qu'une douzaine avec moi. Presque tout le personnel, sous-officiers et gardes de la 7e et plusieurs hommes de la 8e suivent le bataillon de Pontoise, dont l'itinéraire les rapproche beaucoup plus promptement de leur domicile. Au pont de Neuilly, nous rencontrons MM. les Prussiens et cela jusqu'au delà de Nanterre, Ils nous regardent, pour la plupart, avec indifférence, quelques officiers seulement avec malignité.

Nous devons coucher à Saint-Germain et gagner Mantes demain. Le soleil est splendide, il fait chaud et les routes sont poudreuses. A Bougival, le pont est coupé; il n'y a pas de Prussiens. Nous voyons en passant des tranchées établies par l'ennemi sur de pentes abruptes qui eussent été terriblement dures à enlever.

Arrivés près de Saint-Germain, nous apprenons que la ville, ayant une garnison prussienne d'infanterie de la landwher de la garde, la municipalité, redoutant des conflits, refuse de nous y recevoir et prétend nous diriger sur divers villages où un gîte nous sera donné.

Le commandant n'est pas avec nous. Il est allé visiter

à Poissy, l'usine où il travaillait avant la guerre et ne doit revenir que ce soir.

Les officiers présents arrêtent la colonne et tiennent conseil au milieu de la route. Plusieurs habitants de Saint-Germain, venus en curieux au milieu de nous, blâment l'attitude de la municipalité et nous engagent à entrer en ville quand même.

Nous décidons, à la majorité des voix, que nous entrerons dans Saint-Germain et, qu'une fois là, on ne nous en délogera pas. Aussitôt, on se forme par le flanc et nous commençons à gravir vers la ville.

Nous arrivions presque au haut de la côte, lorsqu'un chariot à quatre roues, comme ceux des Francs-Comtois, monté par cinq Prussiens et traîné par un cheval vigoureux se présente, descendant la pente très rapide à la plus vive allure. Cet équipage nous frôle d'une manière inquiétante. On m'a dit plus tard qu'un de nos hommes serré de près par le véhicule donna un coup de canne sur le dos du cheval; les guides cassent et l'animal emballé manque de culbuter une vieille voiture fermée de forme surannée remplie d'officiers allemands qui descendait tranquillement au pas. Le cheval du chariot avait fait instinctivement un crochet en approchant de cette voiture. Au même moment, un prussien qui cherchait à descendre par le derrière du chariot est projeté au dehors et s'aplatit sur le sol où il demeure étendu la face contre terre. Il paraît que celui-là fut tué sur le coup.

Un autre essaie aussi de descendre et se casse la cuisse. En voyant cette omelette tudesque, le bataillon pousse un bruyant hourrah et applaudit sans que nous puissions en empêcher les hommes.

Nous arrivons sur la place du Château et la colonne s'arrête devant la gare du chemin de fer.

Un poste prussien est rangé, l'arme au pied sur la place ; beaucoup de soldats allemands stationnent çà et là pour nous regarder comme des bêtes curieuses, tandis que les habitants s'arrachent nos mobiles pour les loger. En cinq minutes, tous sont partis, emmenés par des braves gens qu'ils suivent tout joyeux. Cet empressement est vraiment touchant ; nous remercions de notre mieux, puis nous allons à la recherche d'un hôtel pour y loger et dîner ensemble. Les soldats allemands que nous rencontrons dans la rue nous saluent très correctement. Il n'en est pas de même de leurs officiers. Je rends exactement le salut aux soldats, ce dont je suis blâmé par des camarades qui n'en font pas autant. Je leur clos le bec en leur disant que je ne veux pas qu'un Prussien puisse se vanter d'être plus poli qu'un Français.

Pendant que nous prenons le café à notre hôtel sur la table où nous venons de terminer notre dîner avec deux officiers du bataillon de Saint-Germain et quelques jeunes gens de la ville que nous avons invités, un officier d'ambulance prussien nous fait dire que si on ne cesse à l'instant de faire du bruit, il requerra la force armée. J'affirme que notre conversation entre vingt personnes qui se trouvaient réunies était fort calme et aucunement bruyante. Nous faisons monter l'hôte et lui demandons si le susdit officier peut lui faire du tort. Il nous répond que c'est un jeune homme qui n'a aucune autorité et que, sans doute, il a voulu nous tâter pour voir ce que nous dirons.

Nous le chargeons alors d'avertir cet allemand que s'il a quelque réclamation à faire, il ait à nous l'apporter en personne, ce qu'il se garde bien de faire et alors pour lui montrer le cas que nous faisons de sa menace, nous restons dans notre salle à manger jusqu'à onze heures et demie du soir avec, cette fois, force tapage, chansons, éclats de rire. Montagnac nous raconte des histoires au gros sel qui provoquent une énorme hilarité ; on danse, enfin bacchanal complet.

Dans la rue, les patrouilles prussiennes font circuler les rares passants qui s'arrêtent stupéfaits d'entendre rire et chanter en français et de voir des fenêtres éclairées à cette heure indue, la vie se terminant à Saint-Germain à 8 heures et demie du soir, heure du couvre-feu imposée par l'ennemi. Les cafés et autres lieux publics sont fermés par ordre à cette heure.

Dans la même soirée, le garde Chastin de la 2e compagnie étant un peu pris de vin se heurte dans la rue à un officier prussien et s'imaginant que c'est celui-ci qui l'a frôlé exprès, lui flanque un coup de poing et le jette par terre. Au bruit, un poste voisin prend les armes et sort, mais il n'intervient pas. L'officier prussien se relève et tout ce monde laisse Chastin s'éloigner tranquillement et regagner son logement.

Le mardi 7, avant six heures du matin, nos clairons sonnent le réveil dans toutes les rues, puis rappellent ; le tout pour vexer les prussiens qui, depuis qu'ils occupent la ville, ont absolument interdit tout son de caisse ou de trompette.

A 7 heures moins un quart, le bataillon rassemblé se met en marche pour franchir les huit lieues qui nous séparent de Mantes. Les landwehriens de la garde royale prussienne, grands gaillards barbus aux longues capotes noires nous regardent partir. Ils sont depuis lontemps à Saint-Germain et assez paisibles, paraît-il.

Après notre étape d'hier, plusieurs officiers trouvent un peu longue celle d'aujourd'hui qui sera plus longue du double et nous nous cotisons pour frêter une voiture de louage dont chacune des parties prenantes jouira à son tour. Je fais partie de la première fournée avec Bischoff, de Seraincourt et Astail. Nous allons à Ecquevilly, village à moitié route entre Saint-Germain et Mantes, investis de la mission de confiance de commander le déjeuner.

La grande halte doit s'y faire.

Il fait beau mais la matinée est fraîche et nécessite de rabattre les capuchons sur nos têtes. Avec nos capotes gris-bleu de troupe, nous avons l'air de pénitents, enfouis dans leurs cagoules.

En parcourant sans fatigue la route de Quarante-Sous, je songeais à 1814 et à ma grand'mère qui m'avait tant de fois conté que, jeune fille alors, elle parcourait aussi cette route en voiture, fuyant Saint-Germain où les alliés allaient arriver. Nous éprouvons, comme hier, une joie d'enfant à voir des arbres, des champs verdoyants, alors que depuis des mois, nous ne voyions que des pavés ou de la boue.

En arrivant à Ecquevilly, voici des pantalons rouges. Nous n'en croyions pas nos yeux. C'était la tête d'une colonne considérable venue de l'armée du Nord et du Havre et se dirigeant par Poissy sur Paris dont la garnison pouvait être renforcée depuis la signature de la paix. Les premiers que nous vîmes appartenaient au 88e de marche portant des nos jaunes au képi, qui joua un rôle des plus fâcheux au 18 mars. La colonne dont ce régiment était la tête comptait plus de 16,000 hommes.

Les soldats nous disent leur misère dans cette armée du Nord où on se battait sans cesse, où on marchait toujours sans pain, sans chaussures, mal vêtus et dans une contrée où on refusait tout aux Français par crainte des exigences des Prussiens. La troupe a une tenue assez délabrée ; pourtant, au Havre, on a rhabillé les plus déchirés. Il y a des hommes vêtus en mobiles, d'autres en mobilisés ; parmi ceux qui ont la tenue de l'infanterie, il y a des capotes gros bleu, noires, gris de fer, mais les fusils sont bien tenus.

Parmi ces hommes, beaucoup d'anciens soldats rappelés pour la durée de la guerre se plaignent très haut d'être emmenés à Paris et de ne pas être renvoyés dans leurs foyers.

On nous dit qu'hier, à Mantes, ces troupes ont enlevé pour quatorze mille francs de tabacs et de cigares à des juifs allemands qui voulaient les leur vendre plus cher qu'aux habitants. Les soldats nous affirment que la mobile s'est mal conduite dans le nord et semblent peu disposés à admettre qu'il en ait été autrement à Paris.

Cependant, tout notre monde arrive avec un appétit dévorant. Après nous être lestés à l'auberge de l'endroit, nous cédons la voiture à d'autres et partons d'un pied léger. Nous croisons des quantités de troupes. Le pays est fort joli.

L'infanterie que nous voyons, car nous ne rencontrons que cette seule arme, est en meilleur état que celle que nous avons vue à Ecquevilly ; les chasseurs à pied surtout en veste et collet à capuchon, ont l'allure leste et dégagée. Les hommes sont propres. A Mézières, village à cheval sur la route, nous voyons de nombreuses traces d'incendie. Les Prussiens y ont mis le feu à soixante-trois maisons pour venger la mort d'un des leurs, tué sur le territoire de cette commune par des francs-tireurs étrangers au pays.

Un peu plus loin, un brave homme que nous rencontrons sur la route, prend quatre ou cinq d'entre nous dans sa carriole et nous dépose à la porte d'un cabaret à peu de distance de Mantes. Nous y cassons une croûte avec le commandant qui nous a rejoints en attendant le gros de la troupe, pour rentrer en ville tous ensemble.

Le bataillon s'est égrené le long du chemin, chacun prenant le raccourci pour rentrer chez soi et nous ne sommes plus guère que cent cinquante en tout.

Nos clairons s'étant unanimement éclipsés, nous entrons dans la ville, au pas, tous les officiers sur une ligne, en tête de la colonne, entourés de tous ceux qui attendaient parents ou amis.

On rompt les rangs sur la place du Marché. Cette fois, c'est fini : le bataillon si vivant, si compact pendant sept mois, n'existe plus.

Le soir, tous les officiers présents se réunissent pour dîner une dernière fois ensemble.

Il en coûte de se séparer quand on a vécu si longtemps côte à côte et supporté les mêmes épreuves en camarades, mais notre vieille gaîté nous soutient jusqu'au dernier moment. On se reverra, du moins on l'espère ; peut-être, un jour se trouvera-t-on encore en rang pour la France.

Hélas ! nous ne devions plus porter les armes ensemble. La Garde Mobile, conservée sur le papier jusqu'au 31 décembre 1872, fut alors irrévocablement dissoute.

Dispersés comme réservistes et territoriaux dans les régiments de divers corps d'armée, nous ne nous retrouvions groupés qu'autour de la tombe de notre digne colonel, M. Rincheval, auquel ses anciens mobiles élevèrent à Mantes, un tombeau, juste témoignage de la haute estime et du respect bien mérité que nous lui avons conservé et, enfin, après vingt-cinq ans, la Société Amicale des Anciens Mobiles du 2me bataillon nous unit chaque année dans une séance toute fraternelle où les jeunes gens de 1870-71 devenus des hommes mûrs, sont heureux de se retrouver et d'échanger des souvenirs qui nous seront chers jusqu'à notre dernier soupir. Honneur à ceux qui ont eu l'excellente idée de fonder cette association, dont le but est de ne pas laisser mourir nos vieux compagnons, sans que leurs anciens frères d'armes leur apportent un dernier témoignage de camaraderie et d'affection et aussi de soulager, par un secours immédiat, pris sur notre modeste caisse sociale, la misère parfois poignante qui s'abat sur certaines familles au décès de leur chef.

NOTES-ANNEXES

Un des officiers du bataillon nous communique l'état suivant des officiers et hommes de troupe aux hôpitaux le 1er janvier 1871, sur un effectif moyen qu'il évalue à 132 hommes par compagnie, ce qui donnerait 1050 au total, officiers compris.

Ce chiffre nous paraît très majoré ; à la 7me, à la fin de novembre 1870, nous n'étions que 127.

1re compagnie. — 1 sous-lieutenant ; 64 hommes.

2me compagnie. — 1 lieutenant ; 66 hommes.

3me compagnie. — Les trois officiers ; 56 hommes.

4me compagnie. — Le capitaine et 1 lieutenant ; 41 hommes.

5me compagnie. — 32 hommes.

6me compagnie. — Le capitaine ; 70 hommes.

7me compagnie. — 1 lieutenant ; 43 hommes.

8me compagnie. — Le capitaine, 1 sous-lieutenant ; 55 hommes.

Total : 18 officiers et 427 hommes indisponibles.

Le général Vinoy, dans son ouvrage sur le Siège de Paris et la Commune, donne à la fin de son premier volume, les effectifs de chaque corps de troupes à l'issue du siège. Pour le 60ᵐᵉ régiment de Mobiles, il y a une erreur évidente. Il lui attribue 3.200 hommes, chiffre vrai, en septembre 1870, faux en février 1871 où nous é.ions 2.400, en totalisant les trois bataillons. On a pris évidemment la situation du début pour celle de la fin, bien différente comme chiffre réel des vivants.

Le lieutenant-colonel Rincheval avait été blessé en Crimée, ainsi qu'il résulte d'un état nominatif, manuscrit que nous possédons des officiers tués ou blessés de la division d'infanterie de la Garde Impériale, dressé en août 1855.

Désiré Rincheval, lieutenant au 1ᵉʳ régiment de voltigeurs, né le 8 août 1817, lieutenant du 21 septembre 1854, a été blessé à la tête, par un éclat d'obus, le 9 juin 1855.

Ce document, dressé en Crimée, provient de la collection du général Mellinet.

ERRATA

Page 8, ligne 14. — Au lieu de *gendames*, lire *gendarmes*.

Page 18, ligne 19. — Au lieu de *tous est à sec*, lire *tout est à sec*.

Page 25, ligne 6. — Au lieu de *entrer*, lire *rentrer*.

Page 85, ligne 13. — Au lieu de *le cantinier*, lire *le cantinier*.

Page 95, ligne 23. — Au lieu de *contre*, lire *entre*.

Page 102, ligne 13. — Au lieu de *vos mains*, lire *nos mains*.

Page 112, ligne 25. — Au lieu de *une essuyé canonnade*, lire *pour avoir essuyé une canonnade*.

Page 136, ligne 7. — Au lieu de *60 tirailleurs*, lire *60 travailleurs*.

Page 138, ligne 4. — Au lieu de *comme* lire *comme*.

TABLE DES MATIÈRES

	Pages.
AVANT-PROPOS.	
CHAPITRE Ier. — *Versailles.* — *Mantes.* — *Formation des cadres et de la troupe.* — *Août 1870*	1
CHAPITRE II. — *Mantes.* — *Paris.* — *Le bataillon est appelé à Paris.* — *Septembre 1870*	15
CHAPITRE III. — *Paris.* — *Esplanade des Invalides.* — *Gardes aux 7e et 8e secteurs.* — *Octobre 1870*	43
CHAPITRE IV. — *Cantonnement de Montrouge.* — *Service des Avant-postes.* — *Novembre 1870.*	57
CHAPITRE V. — *Montrouge.* — *Plateau de Gravelle.* — *Drancy.* — *Bobigny.* — *Décembre 1870.*	121
CHAPITRE VI. — *Pantin.* — *Buzenval.* — *Courbevoie.* — *Paris-Batignolles.* — *Janvier 1871.*	129
CHAPITRE VII. — *Désarmement.* — *Séjour aux Batignolles.* — *Février 1871.*	179
CHAPITRE VIII. — *Départ de Paris.* — *Dislocation du régiment.* — *Mars 1871*	189
NOTES-ANNEXES	201

www.ingramcontent.com/pod-product-compliance
Lightning Source LLC
Chambersburg PA
CBHW051923160426
43198CB00012B/2015